Katja Schwab

Das kleine Handbuch für mehr Gelassenheit im Alltag

Katja Schwab

Das kleine Handbuch für mehr Gelassenheit im Alltag

KREUZ

Für Max und Paul

MIX
Papier aus verantwor-
tungsvollen Quellen
FSC® C083411

© KREUZ VERLAG
in der Verlag Herder GmbH, Freiburg im Breisgau 2013
Alle Rechte vorbehalten
www.kreuz-verlag.de

Umschlaggestaltung: Vogelsang Design
Umschlagmotiv: © Nina Malyna – Fotolia.com
Autorenfoto: © Mika Redeligx

Satz: de·te·pe, Aalen
Herstellung: CPI – Clausen & Bosse, Leck

Printed in Germany

ISBN 978-3-451-61133-9

Inhalt

Vorwort	7
Alltägliches & allzu Alltägliches	11
Während wir warten …	11
Vom uralten Kampf mit dem Säbelzahntiger	15
Keine Zeit! – Ticken wir noch richtig?	19
Nein, nein und nochmals nein	24
Wir sind uns einig, dass wir uns uneinig sind	28
Einer von sieben Milliarden	31
Kauf dich glücklich!?	34
Angst frisst die Seele auf	38
Guten Morgen, liebe Sorgen	43
Die Macht der Zuversicht	48
Auf der Suche nach dem Glück	52
Herzlich willkommen im Hier und Jetzt	57
Arbeit & Beruf	62
Fheler – kein Erfolg ohne Misserfolg	62
Gehirn-Zapping – die Grenzen der Gleichzeitigkeit	66
Arbeiten ohne Grenzen?	71
Von der Angst zu versagen	75
Ausgebrannt – der erschöpfte Mensch	78
Wenn im Büro die Fetzen fliegen	84

Familie & Erziehung — 90

Von der Erziehung zur Beziehung — 90
Mama, Papa, kuckt doch mal! — 94
Die besten Eltern der Welt — 98
Vom Fördern und Fordern zu Überförderung und Überforderung — 102
Der »Störenfried« im Klassenzimmer — 106
Was Kinder stark macht — 110
Bewegung macht klug — 115
Digitale Kinderwelten — 119

Liebe & Partnerschaft — 124

Mrs Right und Mr Perfect – in guten wie in schlechten Zeiten — 124
Der Tanz um Nähe und Distanz — 128
Wer hat angefangen? — 131
Hör mir doch mal zu! — 135
Trennung tut weh — 139
Während wir streiten … — 144

Nachwort — 147

Anmerkungen — 148

Literatur — 154

Vorwort

In dem Brettspiel »Mensch ärgere dich nicht!« müssen die vier Figuren jedes Spielers von den Startpositionen in ihre Zielhäuser ziehen, indem sie das Spielfeld einmal umrunden, ohne dass sie von einem Gegenspieler herausgeworfen werden. Über die Anzahl der jeweils zu ziehenden Felder entscheidet der Würfel. Wie habe ich mich als Kind geärgert, wenn meine Spielfigur ganz knapp vor dem Ziel durch den schicksalhaften Wurf eines Gegners herausgeworfen wurde! Doch der Würfel war gefallen und ich musste das Ergebnis akzeptieren.

Ähnlich wie beim Fallen eines Würfels im Spiel widerfahren uns im Leben schicksalhafte Ereignisse, die wir nicht ändern können. Im Umgang damit werden wir je nach Bedeutung und Intensität der Ereignisse unterschiedlich stark von unseren Emotionen geleitet. Diese gilt es zuzulassen, aber auch kritisch zu betrachten. So können wir das, was uns widerfährt, individuell beurteilen und entsprechend einordnen. Jeder Mensch verfügt über äußere und innere Freiräume, Entscheidungs- und Handlungsmöglichkeiten, um trotz Belastungen für das eigene seelische Wohlbefinden zu sorgen.

Griechische Philosophen wie Seneca und Epiktet diskutierten schon um 300 vor Christus über Gelassenheit als Schicksalsakzeptanz, Seelenruhe und emotionale Selbstbeherrschung. Um 1300 führte der Theologe, Philosoph und Mystiker Meister Eckhart *Gelâzenheit* in die deutsche Sprache ein. Der Begriff *Gelassenheit* leitet sich vom Verb *lassen* ab: loslassen, zulassen, geschehen lassen, sein lassen, überlassen, einlassen, unterlassen, belassen.

Etwas zu lassen ist eine wichtige Fähigkeit, weil wir nicht auf alles in unserem Leben Einfluss haben können. Das Loslassen von Menschen, Ideen oder Dingen besteht aber nicht darin, sie aus dem eigenen Leben zu verbannen, sondern vielmehr darin, eine neue oder andere Beziehung zu ihnen zu entwickeln, um freier unseren Weg gehen zu können.

Gelassenheit ist eine Haltung, eine innere Einstellung. Sie basiert auf dem Grundgefühl, in vielfältiger Weise auf die Herausforderungen des Lebens reagieren zu können. Alles, was passiert, zieht Veränderungen nach sich. Oft haben wir es nicht in der Hand, *was* passiert, aber wir können beeinflussen, *wie* es uns verändert. Diese Einflussmöglichkeiten sind individuell verschieden. Sie werden beispielsweise durch unsere Lebenssituation bestimmt, etwa durch den Beruf oder die Familienverhältnisse. Aber auch unsere Einstellungen und Glaubenssätze spielen eine bedeutende Rolle. Sie haben einen erheblichen Einfluss darauf, wie wir Situationen interpretieren und wie wir auf sie reagieren. Von Epiktet stammt passend dazu der Satz: »Nicht die Dinge selbst beunruhigen die Menschen, sondern ihre Meinungen und ihre Urteile über die Dinge.«

Nehmen Sie künftig die Freiheit für sich in Anspruch, die Dinge, die Ihnen in Ihrem alltäglichen Leben widerfahren, aus einem anderen als dem etablierten Blickwinkel zu betrachten und einzuordnen. Dieses Buch möchte Sie darin unterstützen, in schwierigen Situationen innezuhalten, um den Blick zu weiten. Denn da, wo wir weiter blicken und unsere momentane Lage in einen größeren Zusammenhang stellen, entwickeln wir Gelassenheit.

Ich lade Sie dazu ein, anhand der in diesem Buch geschilderten Alltagssituationen die Vogelperspektive einzunehmen; weiten Sie Ihren Blick und nutzen Sie die zahlreichen Impulse und Anregungen für Ihren eigenen Weg hin zu mehr Gelassenheit.

Denn: »Wenn du immer wieder das tust, was du schon immer getan hast, dann wirst du immer wieder das bekommen, was du schon immer bekommen hast. Wenn du etwas anderes haben willst, musst du etwas anderes tun.«! *(Paul Watzlawick)*[1]

Alltägliches & allzu Alltägliches

Während wir warten ... »Herzlich willkommen. Leider sind im Augenblick alle Leitungen belegt. Bitte haben Sie ein wenig Geduld. Wir sind gleich für Sie da.«

»Meine Damen und Herren, unser Zug hat aufgrund von Bauarbeiten eine Verspätung von etwa zwanzig Minuten. Über die Anschlussmöglichkeiten in Musterstadt werden wir Sie rechtzeitig informieren.«

»Bitte haben Sie einen Moment Geduld. Ihr Anliegen ist uns wichtig, bleiben Sie in der Leitung, Sie werden so schnell wie möglich verbunden. Bitte warten Sie noch einen Augenblick, der nächste freie Mitarbeiter ist sofort für Sie da.«

»Staumeldung auf der A 100, Stadtring, wegen eines Unfalls zwischen Wexstraße und Kurfürstendamm. Bitte umfahren Sie diesen Bereich weiträumig.«

»Bitte warten Sie anschließend im Wartebereich, bis Sie aufgerufen werden. Die Wartezeit kann etwas länger dauern. Haben Sie bitte Geduld.«

Ob im Stau, auf Ämtern, an der Kasse, in der Kantine oder am Telefon – wir müssen warten und uns in Geduld üben. Eine Tugend, die nur wenige von uns beherrschen. Laut Aristoteles liegt jede Tugend als »Mittelmäßigkeit« zwischen zwei Extremen.[2] Damit legt Aristoteles einen Grundstein, der für vieles im Leben gilt. Wenn wir die Balance halten beziehungsweise die Mitte finden, sind wir auf der sicheren Seite. Und trotzdem fällt es uns bei alltäglichen Unannehmlichkeiten und Ärgernissen häufig schwer, im Gleichgewicht zu bleiben.

Frustrierende und entnervende Vorkommnisse wie die oben geschilderten werden in der Stressforschung als kleine Stressoren des Alltags, sogenannte *daily hassles*, bezeichnet. Alltagswidrigkeiten können vor allem dann zu einem echten Stressfaktor werden, wenn sie als negativ empfunden und bewertet werden. Dabei »helfen« uns unsere individuellen Stressverstärker. Einer der häufigsten ist Ungeduld. Wir können es nur schwer ertragen zu warten, vor allem, wenn wir keine Verzögerungen eingeplant haben. Sprechen wir alltäglichen Ärgernissen noch eine subjektive Bedeutung zu, wie zum Beispiel »Immer passiert mir so was« oder »Ich bin eben ein Pechvogel«, werden sie zu sogenannten *zentralen hassles* und stehen in engem Zusammenhang mit dem Auftreten psychosomatischer Symptome.[3]

Geduld geht auf das urgermanische *ga-thuldis* zurück mit der indogermanischen Verbwurzel *tol* beziehungsweise *tla*, was so viel wie *tragen* oder eben *ertragen* bedeutet. Und tatsächlich müssen wir immer wieder kleine Unterbrechungen und Störungen unseres Tagesablaufs ertragen. Ob sich der Stau auflöst, ob die Bahn sich verspätet oder wir schneller in einer Warteschlange aufrücken können, liegt außerhalb unseres Einflussbereichs. Die eigene Macht- und Hilflosigkeit irritiert und ärgert uns. Wir sind angespannt, nervös, gereizt und genervt, trommeln mit den Fingern auf dem Lenkrad herum, wippen mit den Füßen und steigern uns immer weiter in unsere Erregung hinein.

Hinter dem ganzen Ärger steckt die Überzeugung, dass Warten vertane Zeit sei, die wir anders viel besser zu nutzen wüssten. Wir wollen unsere Zeit auf keinen Fall vergeuden oder sinnlos verstreichen lassen. Schließlich gibt es doch noch so viel zu tun und zu erledigen. »Zeit ist Geld.« Dieses geflügelte Wort von Benjamin Franklin ist zwar schon über zwei Jahrhunderte alt, hat aber trotzdem nicht an Aktualität eingebüßt. Langfristig glücklich macht uns eine solche Einstellung allerdings nicht, ergab eine Studie von Sanford DeVoe, Professor an der kanadischen Rotman School of Management, und seinem Doktoranden Julian House. Die Zeit-ist-Geld-Einstellung führe dazu, dass die Menschen den ökonomischen Wert der Zeit optimieren wollen. Dadurch vernachlässigen sie die nicht-messbaren Vorteile jener Erfahrungen, die ihnen eigentlich Freude bereiten.[4] Es liegt in unserer Hand, ob wir Wartezeiten sinnvoll nutzen oder nicht. Wartezeit ist vielleicht gar keine verschwendete Zeit, sondern zusätzliche Zeit, die wir geschenkt bekommen. »Warten zu müssen ist eine freundliche Einladung zu einer kleinen Meditation«, lautet ein Aphorismus von Andreas König. Oder zu einem Gespräch mit dem Beifahrer. Oder um den Podcast endlich mal in Ruhe zu hören. Es gibt viele Möglichkeiten, Wartezeiten zu nutzen, der Kreativität sind keine Grenzen gesetzt. Wer Zeit als monetäres Gut interpretiert, wird blind für die schönen Dinge des Lebens. Wenn wir Wartezeiten als willkommene Pausen im temporeichen Leben betrachten, in denen wir innehalten, aus dem Fenster schauen, die Menschen beobachten, die Welt im Hier und Jetzt wahrnehmen können, werden wir geduldiger. Und diese Geduld ermöglicht uns den Genuss der flüchtigen Stunde.

Das charakteristische Merkmal von Ungeduld ist, dass wir uns schwer damit tun, zu warten: warten an der Haltestelle, warten auf eine Lieferung, warten auf eine Verabredung, warten in der Schlange, warten, bis die Kartoffeln gar sind, warten auf Zusagen, warten auf Ergebnisse, warten auf die Liebe, warten auf Wunder, warten auf bessere Zeiten. Warten ist ein zentraler Bestandteil unseres Lebens. Wir warten nicht nur auf die Auflösung des Staus, um weiterzufahren, sondern auch darauf, dass sich unsere Wünsche und Vorstellungen unmittelbar erfüllen und wir unsere Ziele schnell erreichen, um im Leben weiterzukommen. Wir wollen alles sofort haben und die Zwischenfälle, die uns widerfahren, betrachten wir als unerwünschte Störung.

Der Schriftsteller Heinrich Spoerl erzählt die Geschichte eines jungen, ungeduldigen Bauern, der sich wie die meisten von uns schlecht aufs Warten versteht.[5] Er wollte nicht das, was er hatte, sondern das, was er nicht hatte. All sein Streben und Sehnen, alle Gedanken und Gefühle richteten sich auf den Zeitpunkt, an dem er endlich seine Liebste treffen würde. Ein kleines Männlein gab ihm einen Zauberknopf, den er immer dann drehen solle, wenn ihm die Zeit zu langsam vergehe. Der junge Bursche drehte den Knopf und schon lächelte ihn seine Liebste an. Und wieder drehte er den Knopf und schon feierten sie Hochzeit. Schnell kam der Wunsch nach einem neuem Haus, nach Kindern und anderem Neuem, das er nicht erwarten konnte. So drehte er immer wieder am Zauberknopf. Ehe er es sich's versah, war er ein alter Mann und der Tod nah. Sein Leben war wie im Flug an ihm vorbeigerauscht – er wünschte sich sehnlichst seine Lebenszeit zurück. Richten wir unsere gesamte Aufmerksamkeit ausschließlich auf das Ziel in der Zukunft, übersehen wir die vielen schönen Dinge am Wegesrand in der Gegenwart.

In der Geschichte war es der Zauber in Form eines magischen Knopfes, der die Dinge im Sinne des jungen Bauern vorantrieb. In der Realität verleitet uns Ungeduld dazu, unsere Angelegenheiten zu schnell vorantreiben zu wollen. Wenn wir ungeduldig sind, erwarten wir, dass die Dinge einfacher und zügiger zu lösen sind, als es tatsächlich der Fall ist. Diese Erwartung ist irrational. Das Gras wächst nicht schneller, wenn man daran zieht. Die Kunst ist vielmehr, Grenzen zu akzeptieren und das Warten zu lernen. Denn »wer für kleine Dinge keine Geduld aufbringt, wird bei großen Vorhaben scheitern«, wusste bereits Konfuzius.

Jede Situation, in der wir ungeduldig werden, ist eine Einladung zur Übung in Geduld. Jede Wartezeit, jedes alltägliche Ärgernis lädt uns dazu ein, gelassener zu werden. Unvermeidliches zu akzeptieren und das Beste daraus zu machen ist eine der großen Herausforderungen auf dem Weg zu mehr Gelassenheit.

Vom uralten Kampf mit dem Säbelzahntiger

Verschütteter Kaffee, quengelnde Kinder, lärmende Baustelle, verspätete Bahn, viel zu viel Büroarbeit, Ärger mit der Chefin, knappe Deadlines, lange Warteschlangen, verlorene Geldbörse, kaputte Waschmaschine, viel zu viel Hausarbeit, laute Nachbarn, Krach in der Familie. Wir sind im Stress.

Unser Gehirn spult in Stresssituationen genau dasselbe biologische Programm ab wie zu Beginn der menschlichen Entwicklungsgeschichte. Unser Gehirn versetzt den Körper in Alarmbereitschaft, wenn wir einer Gefahr ins Auge sehen. In bedrohlichen Situationen haben wir zwei Möglichkeiten: Kampf oder Flucht, *fight or flight*. Damit diese Strategie möglichst erfolgreich ist, setzt ein Alarmsignal aus dem Gehirn Adrenalin frei, das über das Nervensystem und den Blutstrom binnen kurzer Zeit unter anderem zu einer vermehrten Ausschüttung von Stresshormonen, zu einer Beschleunigung von Puls, Herz- und Atemfrequenz, zu einem höheren Blutdruck, zu einer Weitung der Pupillen, zu einer Minderung des Hautwiderstands und zu einer erhöhten Muskelanspannung führt. Wahrnehmung und Aufmerksamkeit konzentrieren sich vollkommen auf die augenblickliche Bedrohung. Der Körper ist zur Flucht oder zum Kampf bereit. In der Konfrontation mit einem Säbelzahntiger sicher eine sinnvolle Sache. Aber im Falle einer fauchenden Chefin empfiehlt es sich nicht, ihr eins auf die Nase zu geben. Auch in der Auseinandersetzung mit klingelnden Telefonen, anstrengenden Kollegen und quengelnden Kindern ist der Fight-or-Flight-Mechanismus eher hinderlich. Heute haben wir mit ganz anderen Belastungen zu kämpfen als in der Steinzeit: etwa mit permanentem Leistungs- und Zeitdruck, erhöhten Flexibilitätsanforderungen, unterbrochenen Beschäftigungsverhältnissen und unzureichender Vereinbarkeit von Familie und Beruf. Auf alle Stressreize reagiert unser Körper mit erhöhter Anspannung. Wenn wir jeden Tag mit einer Horde Säbelzahntigern kämpfen müssen, sind wir auf Dauer schlicht überfordert. Wir sind in unserem Alltag sowohl auf Phasen der Anspannung als auch der Entspannung angewiesen. In Stresssituationen werden die Stresshormone Adrenalin und Cortisol ausgeschüttet, bis der Tiger besiegt oder die Flucht gelungen ist. In der Entspannungsphase wird die Produktion der Stresshormone eingestellt. Atmung, Blutdruck und Herzschlag regulieren sich und die innere Balance ist wiederhergestellt. Gelingt dieser Anpassungsprozess nicht, weil die andauernde Belastung keine Erholung zulässt, werden Gehirn und Körper mit Stresshormonen überflutet. Der Körper befindet sich somit stetig in Alarmbereitschaft. Auf Dauer nimmt unser Immun- und Herz-Kreislauf-System Schaden, die Neubildung von Neuronen verringert sich, auch die Kreativität und innovatives Denken sind eingeschränkt. Zudem machen wir vermehrt Fehler. Deshalb gehören Erholung und Entspannung in jeden angespannten Alltag.

Stress wird individuell sehr unterschiedlich erlebt. Unterschiedliche genetische Veranlagungen wie auch Unterschiede in gemachten Erfahrungen bestimmen, wie wir Ereignisse individuell wahrnehmen und bewerten. Was der eine als belastend erlebt, ist für den anderen nicht der Rede wert. Stress entsteht, wenn wir eine Situation als bedrohlich empfinden, weil wir annehmen, sie nicht bewältigen zu können. Stress entsteht aus einem Ungleichgewicht zwischen den Anforderungen und den persönlichen Möglichkeiten.

Unsere Gedanken haben entscheidenden Einfluss auf das Ausmaß der Stressbelastung. Das einfache ABC-Modell des Verhaltenstherapeuten Albert Ellis verdeutlicht den Zusammenhang zwischen Denken und Fühlen.[6] Das A steht für *activating event* (auslösendes Ereignis), B für *beliefs* (Gedanken, Überzeugungen und Glaubenssätze) und C für *consequences* (Folgen und Reaktionen, also auch Handlungen und Gefühle), welche ursächlich miteinander verbunden sind: Situationen und Ereignisse lösen Gedanken aus, die Gefühle und Handlungen nach sich ziehen.

Meistens gehen wir davon aus, dass es die Situation an sich ist, die uns stresst. Zum Beispiel rauben uns Wartesituationen oft den letzten Nerv. Und wir müssen ständig warten: in der Schlange an der Kasse, auf den Bus, der schon vor zehn Minuten hätte da sein müssen, oder auf unsere Liebste/unseren Liebsten, die/der ewig nicht fertig wird. A entspricht hier dem Warten. Ob wir nun Stress empfinden (C), hängt ganz davon ab, wie wir die Situation bewerten (B). Unsere Gedanken, Überzeugungen, Annahmen und Interpretationen bestimmen, wie stark der Stresspegel steigt. Bei Gedanken wie »Das dauert viel zu lange. Kann der nicht schneller machen? Ich hasse es, zu warten! Diese Zeitverschwendung!« werden Sie die Situation als sehr stressig empfinden. Nutzen Sie dagegen die Zeit für sich, werden Sie viel weniger Stress verspüren.

Auf allen drei Ebenen A, B und C können wir eingreifen und etwas ändern. Das A zu ändern bedeutet, etwas an Ihrer Situation oder Umgebung zu verändern. Verfluchen Sie beispielsweise den morgendlichen Stau, dann nehmen Sie einen anderen Weg zur Arbeit. Allerdings haben wir nur begrenzte Möglichkeiten, die Stressfaktoren zu beseitigen, daher müssen wir oft andere Wege finden, mit Stresssituationen umzugehen.

Wir können B ändern, indem wir eine andere Wahrnehmung und Sicht auf die jeweilige Stresssituation entwickeln. Wenn wir in Stress geraten, gehen uns Gedanken durch den Kopf wie: »Ich halte das nicht aus!«, »Das schaffe ich nicht!«, »Ich werde versagen!«, »Ich muss alles richtig machen!«, »Das ist ja alles fürchterlich!«, »Hoffentlich mache ich keinen Fehler!« Solche Gedanken verschärfen den Stress, der Säbelzahntiger kommt näher und unsere Kampf- oder Fluchtreaktion wird in Gang gesetzt. Aber so wie stressverschärfende Gedanken die Gefahr größer erscheinen lassen, können stressmildernde Gedanken die Bedrohung minimieren: *Was auch passiert, ich werde damit fertig. Ich kann es nicht allen recht machen. Auch ein Misserfolg oder eine Kritik kann mir nützen. Ich konzentriere mich nur auf meine Aufgaben. Es gibt Schlimmeres. Ich werde keine dauernden Nachteile davon haben. Alles halb so wild. Eins nach dem anderen. Ich konzentriere mich nur auf das Wichtigste. Tief durchatmen, entspannen. Ich lasse mich nicht unter Druck setzen. Ich habe auch nur zwei Hände. Ich habe keinen Grund, an mir zu zweifeln. Ich kann mir auch einen Fehler leisten. Andere haben es auch geschafft. Aufregung nützt mir nichts. Ich nehme es nicht so wichtig. Jetzt gilt es, klar zu denken, ich verschaffe mir erst mal einen Überblick. Ruhe bewahren, nichts überstürzen. Ich werde es schon schaffen.*

Auf C nehmen Sie Einfluss, indem Sie versuchen, sich gezielt zu entspannen, etwa durch Meditation, Autogenes Training oder Progressive Muskelrelaxation beziehungsweise durch Sport oder Yoga.

Haben wir Vertrauen in unsere eigenen Bewältigungskompetenzen, kann eine schwierige Situation im positiven Sinn als herausfordernd erlebt werden. Das mag leichter gesagt als getan sein. Wenn wir jedoch die Stressfaktoren nicht verändern können, bleibt kein anderer Weg als der, einen anderen Umgang mit ihnen zu finden. Eingefahrene Denkmuster und Handlungsabläufe zu hinterfragen ist häufig die einzige Möglichkeit, die wir haben, um wieder gelassener durch den Alltag zu gehen.

Keine Zeit! – Ticken wir noch richtig?

Wir arbeiten schnell, lesen schnell, essen schnell, fahren schnell und sprechen schnell. Tick tack. Wir gießen noch schnell die Blumen, machen noch schnell die Wäsche, holen noch schnell die Kinder aus der Schule ab und gehen noch schnell einkaufen. Tick tack. Nebenbei lesen wir noch schnell die Nachrichten auf Spiegel Online und Botschaften auf Facebook oder Twitter. Tick tack. Alles muss immer schneller in immer kürzerer Zeit erledigt oder erreicht werden – weil wir Zeit sparen wollen. Tick tack. Wer schneller lebt, ist eher fertig.

»Er handelte mit höchst wirksamen, durststillenden Pillen. Man schluckt jede Woche eine und spürt überhaupt kein Bedürfnis mehr zu trinken. ›Warum verkaufst du das?‹, sagte der kleine Prinz. ›Das ist eine große Zeitersparnis‹, sagte der Händler. ›Die Sachverständigen haben Berechnungen angestellt. Man erspart dreiundfünfzig Minuten in der Woche.‹«[7]

Viele von uns würden diese Pillen kaufen, die Antoine de Saint-Exupéry in »Der kleine Prinz« beschreibt. Allein Amazon bietet mehr als 1600 Produkte zum Thema Zeitmanagement an. Hier findet man Material für alle Methoden und Techniken, um Zeit zu sparen: von der ALPEN-Methode über das Eisenhower-Prinzip und die ABC-Analyse bis hin zu Tipps zur Abschaffung hausgemachter Zeitdiebe. Zeitmanagement ist Selbstmanagement. Alles eine Frage der Organisation und Koordination, der Kontrolle und Disziplin sowie eines effektiven und effizienten Umgangs mit der wertvollen Ressource Zeit. Leider erinnern wir uns nicht mehr an die grauen Herren mit ihren dicken Zigarren in ihren dicken Autos, die in Michael Endes »Momo« den Menschen die Lebenszeit stehlen – unter dem Vorwand, die Zeit für sie zu sparen.[8] Der Blickwinkel auf die Einordnung und Erledigung von Aufgaben in der zur Verfügung stehenden Zeit ist genauso eindimensional wie der Versuch, Zeit zu sparen.

Der Wunsch nach mehr verfügbarer Zeit ist verständlich, da heutzutage kaum jemand mehr genug davon zu haben scheint. Zeit ist zu einem kostbaren Gut geworden. Es gibt kaum ein Gespräch unter Freunden, Bekannten und Kollegen, in dem nicht irgendwann die Rede von Stress und Zeitdruck ist. Der Soziologe und Zeitforscher Helmut Rosa erklärt, dass wir heute eine dreifache Beschleunigung erleben würden: die des technischen Fortschritts, des sozialen Wandels und des Lebenstempos.[9] Vor allem in den Bereichen der Information und Kommunikation haben die neuen technologischen Entwicklungen unser Verhalten verändert. Eine riesige Datenflut erreicht uns tagtäglich über verschiedenste Kommunikationskanäle. Neue Software ermöglicht die digitale Echtzeitkommunikation. Was eben noch der heißeste Trend war, ist im nächsten Moment schon Schnee von gestern. Das Filtern von Informationen aus dem ewigen digitalen Rauschen ist für nicht wenige die letzte Tätigkeit vor dem Einschlafen und häufig die erste Aktivität am Morgen. Nach ein paar Stunden Schlaf können viele gar nicht anders, als wieder in den endlosen Strom aus Informationen einzutauchen. Wir können jede freie Minute in unserem Leben mithilfe eines kleinen Telefons in unserer Hosentasche verplanen. Über soziale Netzwerke wie Facebook stehen wir täglich mit durchschnittlich 180 Menschen in Kontakt, die uns, während wir fernsehen, U-Bahn fahren, Sport treiben, essen oder spazieren gehen, an ihrem Alltag teilhaben lassen. Wir geben unsere Meinung ab, leiten interessante Artikel weiter, schreiben selbst kleine Texte, dokumentieren unser Leben in Bildern und teilen wichtige Ereignisse mit unseren digitalen Bekannten und Freunden. Der neue Job, der neue Freund, das neue T-Shirt, die Hochzeit, die Schwangerschaft, die Geburt, der erste Kindergeburtstag und der letzte Urlaub.

Wenn wir uns mit dem digitalen Treiben unserer Freunde beschäftigen, stiftet das zwar ein wenig Ablenkung und Abwechslung, aber die Zeit, auf diese Ereignisse angemessen zu reagieren, nehmen wir uns meistens nicht. Dadurch nehmen wir nicht wirklich am Leben der anderen teil. Bei Geburtstagsmeldungen gratulieren wir nicht ausführlich, greifen nicht zum Telefon. Wir klicken schnell den »Like«-Button und reagieren in manchen Fällen noch zusätzlich flüchtig über die Kommentarfunktion. Aber damit ist auch schon das Zeitkonto erschöpft, das wir unserer streunenden Aufmerksamkeit für den Einzelfall einräumen können. Noch etliche andere Nachrichten buhlen um unsere Aufmerksamkeit. Und das ist nur eines von vielen Beispielen, auf welche Art und Weise wir unsere Zeit nutzen – oder eben nicht nutzen?

Wir sollten schauen, dass wir nicht zu vielen kleinen Sandkörnchen zu viel Beachtung schenken, denn sonst passen unsere großen Steine nicht mehr in das Glas. Was es damit auf sich hat? Folgende Geschichte, die sich in einer französischen Schule für Verwaltung zugetragen hat, steckt dahinter:

Ein Professor, der eine Stunde Zeit hatte, um sein Publikum etwas über den Umgang mit knapper Zeit zu lehren, führte folgendes Experiment vor: Er zog einen großen Glaskrug unter seinem Rednerpult hervor und betrachtete seine Zuhörer, die aufmerksam seinen Handlungen folgten. Der Professor stellte den Glaskrug auf sein Pult und füllte ihn vorsichtig mit etwa einem Dutzend tennisballgroßer Steine, bis der Krug randvoll war und kein weiterer Stein mehr darin Platz hatte. »Ist der Krug voll?«, fragte er sein Publikum. Alle antworteten: »Ja!« Er wartete und fragte nach: »Tatsächlich?« Daraufhin bückte er sich, holte ein Gefäß mit kleinen Kieselsteinchen hervor und kippte alle sorgfältig in den Glaskrug. Er bewegte den Krug leicht hin und her, sodass die kleineren Kieselsteine sich zwischen den großen Steinen verteilten, bis alle Lücken gefüllt waren. Der Professor hob den Kopf und fragte erneut: »Ist dieser Krug voll?« Die Teilnehmer waren verunsichert. Einer antwortete: »Wahrscheinlich nicht.« – »Gut«, antwortete der Professor. Er neigte sich nach unten und holte diesmal einen Eimer mit Sand. Er goss den Sand in den Glaskrug. Der Sand füllte die Räume zwischen den großen Steinen und den kleineren Kieselsteinen. Noch einmal frage der Professor: »Ist der Krug voll?« – Ohne zu zögern, entgegneten alle Zuhörer »Nein!« – »Gut«, sagte der

Professor und nahm eine Kanne mit Wasser und goss es in den Krug, bis der Krug randvoll war. Nun erhob sich der Professor und fragte die Gruppe: »Was will uns diese Vorführung sagen?« Der Mutigste unter den Zuhörern meinte, in Anbetracht des Vortragsthemas: »Es zeigt uns, dass wir sogar dann, wenn wir meinen, dass unser Kalender randvoll ist, noch weitere Termine vereinbaren und Dinge erledigen können, wenn wir es wirklich wollen.« »Nein«, sagte der Professor, »darum geht es nicht. Was wir wirklich aus diesem kleinen Experiment lernen können, ist Folgendes: Wenn wir nicht als Erstes die großen Steine in den Krug legen, werden sie später niemals alle hineinpassen.« Es folgte ein Moment des Schweigens. »Was sind die großen Steine in Ihrem Leben?«, fragte der Professor. »Ihre Gesundheit? Ihre Familie? Ihre Freunde? Die Verwirklichung Ihrer Träume? Tun, was Ihnen gefällt? Dazuzulernen? Entspannung? Oder: etwas ganz anders?«

Wenn wir alltäglichen Nebensächlichkeiten Vorrang geben – den Sandkörnchen, den Kieselsteinen und dem Wasser –, dann füllen wir unser Leben damit auf, und am Ende fehlt uns die Zeit, um uns den wirklich wichtigen Dingen zu widmen. Was, wenn uns zum Beispiel bewusst wird, dass das ziellose Sich-treiben-Lassen in der digitalen Informationsflut uns die klare Sicht auf Dinge versperrt, die unsere ungeteilte Aufmerksamkeit verdienen? Dann treten wir der Versuchung, jede freie Minute unseres Lebens mit Informationen zu füllen, mit einem größeren Maß an Gelassenheit entgegen. Jedem von uns stehen jeden Tag 24 Stunden zur Verfügung. Ein großer Teil dieses Zeitreichtums wird von Aktivitäten und Dingen gestohlen, die Sie wahrscheinlich gar nicht wirklich brauchen. Dass ein voller Terminkalender nicht das Gleiche wie ein ausgefülltes Leben ist, hat Kurt Tucholsky schon zur Sprache gebracht. Tun Sie weniger, aber dafür das Richtige. Niemand kann alles leben, alles machen oder alles haben. Was aber wirklich wichtig ist: die großen Steine in unserem Leben an erste Stelle zu setzen.

Nein, nein und nochmals nein

»Mama, darf ich noch ein Eis?«
»Können Sie morgen liefern?«
»Kannst du meine Diplomarbeit korrigieren?«
»Kannst du heute Abend auf den Kleinen aufpassen?«
»Können Sie schnell noch diesen Auftrag erledigen?«
»Ich muss dir dringend was erzählen. Hast du fünf Minuten Zeit?«

N-E-I-N – nur vier kleine Buchstaben, die vielen Menschen schwer über die Lippen kommen. Jemand tritt mit einer Bitte, einer Forderung, einem Wunsch an Sie heran, im Inneren regt sich Widerstand und doch stimmen Sie zu, obwohl Sie eigentlich sagen möchten: »Nein!« Wir geraten im Alltag öfter in Situationen, in denen wir eigene Bedürfnisse denen anderer unterordnen und keine klaren Grenzen ziehen. Wie oft ärgern wir uns über unangenehme Eigenarten unserer Mitmenschen! Doch die »Unverschämtheit« des anderen findet meist ihr Gegenstück in unserer Unfähigkeit, dem eigenen Bedürfnis Ausdruck zu verleihen und »Nein« zu sagen.

Hinter der Angst vor einem »Nein« steckt oft die Angst vor negativen Folgen. Wir wollen die Beziehung nicht gefährden, nicht abgelehnt werden oder der Anlass dafür sein, dass der Frieden in der Familie, am Arbeitsplatz oder in der Nachbarschaft gestört wird. Wer »Nein« sagt, setzt dem anderen Grenzen und nimmt die eigenen Bedürfnisse wichtiger als die des anderen. Wir befürchten, dass eine Ablehnung den anderen verletzt oder verärgert und er sich am Ende von uns abwendet. Wir halten die Harmonie nach außen hin aufrecht, auch wenn es sich in unserem Inneren zunehmend unharmonisch anfühlt. Wer zu anderen immerzu »Ja« sagt, sagt im Grunde immerzu »Nein« zu sich selbst.

Wem es schwerfällt, Grenzen zu setzen, hat wahrscheinlich in seiner Kindheit gelernt, dass er kein so großes Recht auf eine eigene Meinung hat wie die Erwachsenen, dass er sich nicht abgrenzen darf, dass seine eigenen Wünsche und Bedürfnisse hintanstehen müssen. Mit ungefähr anderthalb Jahren entdecken Kinder ihren eigenen Willen und das »Nein«, mit dem sie sich den Eltern widersetzen können. Diese ersten Autonomiebestrebungen sind ein wichtiger Schritt in die Selbstständigkeit, den Eltern nicht unterdrücken sollten. Sie sollten ihre Kinder nicht als trotzig oder schwierig aburteilen, sondern ihnen das »Nein« erlauben und ihre Grenzen respektieren. So lernen Kinder auch besser, die Grenzen anderer anzuerkennen.

Hinter der Angst, »Nein« zu sagen, kann aber auch der Wunsch stehen, derjenige sein zu wollen, der »Ja« sagen kann. Viele haben schon erlebt, dass uns Menschen, die sich selbst überschätzten, enttäuscht haben, weil sie ihre Zusage nicht einhalten konnten. Wer sich ständig selbst überfordert, wird sich vor allem Fehlschlägen und Enttäuschungen gegenübersehen, in die er zusätzliche Energie stecken muss, um sie zu bewältigen. »Ein ›Nein‹ aus tiefstem Herzen ist besser und größer als ein ›Ja‹, mit dem man gefallen oder – noch schlimmer – Ärger vermeiden will«, sagte Mahatma Gandhi.[10] Am Ende überschätzen wir uns selbst oder tun Dinge gegen unsere innere Überzeugung, womit wir Konflikte heraufbeschwören, die uns langfristig länger beschäftigen und belasten, als uns eine ehrliche Auseinandersetzung mit uns selbst oder dem Gegenüber zum Zeitpunkt der Entscheidung gekostet hätte. Und irgendwann reicht es uns und wir sagen auf unangemessene Weise »Nein«, womit wir den anderen wirklich verletzen.

Wir sind unseren Erfahrungen jedoch nicht ausgeliefert. Jeder Tag birgt die Chance, neue Erfahrungen zu machen. Wir können jederzeit lernen, was wir in unserer Kindheit und Jugend nicht lernen durften. Ein »Nein« muss nicht das Ende einer Beziehung bedeuten oder gar aussagen, dass man ein Versager ist.

Wir dürfen und können Unangenehmes sagen, ohne unangenehm zu sein. Verschaffen Sie sich Bedenkzeit, wenn jemand mit einer Bitte oder einer Forderung an Sie herantritt, um in Ruhe entscheiden zu können. Wenn Sie sich für ein »Nein« entscheiden, bleiben Sie hart in der Sache, aber weich in der Beziehung. Diese Verhandlungstechnik des Harvard-Konzepts versucht, sowohl Menschen und Probleme als auch Sach- und Beziehungsebene zu trennen. Das bedeutet, dass wir unsere Interessen vertreten und gleichzeitig freundlich, empathisch und verständnisvoll mit unserem Gegenüber umgehen können. Den anderen zu verstehen bedeutet nicht zwangsläufig, mit seiner Meinung auch einverstanden zu sein. Wir können den anderen verstehen und trotzdem ein anderes Interesse verfolgen. Beherzigen wir diesen Grundsatz, können wir auch angemessen eine Bitte, einen Wunsch oder eine Forderung ablehnen, ohne die Beziehungsebene zu gefährden. Eine ablehnende, aber freundliche Antwort auf die dringliche Bitte, heute auf den Sohn einer Freundin aufzupassen, könnte beispielsweise so aussehen: »Ich verstehe deine Not. Gerne würde ich wieder mit deinem

Kleinen Zeit verbringen, aber heute Abend habe ich schon eine Verabredung, die ich nicht absagen möchte. Wann brauchst du denn das nächste Mal einen Babysitter? Wenn du ein wenig früher Bescheid sagst, kann ich es bestimmt beim nächsten Mal besser einrichten.« *Wie* wir »Nein« sagen, halten wir oft für nebensächlich, dabei macht es langfristig den entscheidenden Unterschied – für uns selbst und die anderen. Natürlich ändert noch so viel diplomatisches Fingerspitzengefühl nichts an der Tatsache, dass ein »Nein« die Erwartungen anderer enttäuscht. Letztlich können wir nicht beeinflussen, wie jemand auf ein »Nein« reagiert. Wir können aber versuchen, die Enttäuschung des Gegenübers zu verstehen, und eventuell gemeinsam eine Lösung suchen.

Mit einem freundlichen »Nein« beziehen wir Position und stehen dafür ein – was uns Wertschätzung und Anerkennung einbringen kann, selbst wenn unser Gegenüber in der Sache mit uns nicht übereinstimmen kann. Wir schützen, was wir schätzen, und schaffen Platz für das, was wir wollen. Wir bleiben uns selbst treu. Wenn wir wissen, wer wir sind, was wir können und welche Werte uns durch das Leben leiten, dann müssen wir weder in Partnerschaften noch in beruflichen Kontexten Angst davor haben, nicht gemocht und geachtet zu werden. »Nein« zu sagen kann auch das Vertrauen in unsere Verlässlichkeit durch eine realistische Selbsteinschätzung fördern. Das Gegenüber zieht meistens eine klare Antwort ausweichender Unentschlossenheit und leerem Gerede vor, denn nun kann es seinerseits eine Entscheidung treffen.

Um gelassen »Nein« zu sagen, braucht es nicht nur Willensstärke, sondern vor allem positive Erfahrungen. Wenn wir erleben, dass ein freundliches »Nein« verhindert, dass wir uns selbst überschätzen oder gegen unsere Überzeugung handeln, werden wir in unserer Persönlichkeit gestärkt und können auch mit dem »Nein« anderer gelassener umgehen. Allein mit dem Wissen um die positiven Konsequenzen des Nein-Sagens haben Sie eine gute Basis, um gelassener mit diesen schwierigen Alltagssituationen umzugehen. Nutzen Sie die Chance, häufiger freundlich, aber bestimmt eine Bitte, einen Wunsch oder eine Forderungen eines anderen abzulehnen, um diese positiven Erfahrungen zu sammeln.

Wir sind uns einig, dass wir uns uneinig sind

»›Geboren werden heißt, in Konflikte zu geraten‹, hab ich letztens irgendwo gelesen.« – »Sehe ich nicht so.« – »Ist aber so.«

Wir alle haben Konflikte mit unseren Mitmenschen (und mit uns selbst). Soziale Konflikte entstehen immer dann, wenn unterschiedliche Bedürfnisse, Interessen und Vorstellungen aufeinanderprallen und für den Moment unvereinbar erscheinen. Sie sind alltäglich und menschlich. In Seminaren bestätigen in der Regel alle Teilnehmer, dass keiner gerne in einen Konflikt gerät. Aber auf den Vorschlag hin, alle Konflikte hier und heute abzuschaffen, schaue ich in nachdenkliche Gesichter. Wo wären wir ohne Auseinandersetzung und Streit? Ohne Konflikte wären Veränderung, Weiterentwicklung und Fortschritt unmöglich und unser Leben würde zum Stillstand kommen. Sie enthalten eine Alarmfunktion und weisen auf bestehende Probleme hin. Sie setzen Energien frei, regen Interesse und Neugierde an und verhindern Stagnation. Sie lösen persönliche sowie gesellschaftliche Veränderungen aus und können Handlungsspielräume erweitern.[11]

Dass Menschen die Welt unterschiedlich betrachten, beschreiben und bewerten, ist bekannt. Gäbe es nur eine einzige Wahrheit, könnte man nicht hundert Bilder über dasselbe Thema malen, wusste schon Pablo Picasso.[12] Wir sehen unsere Umwelt eben nicht objektiv wie eine Kamera, sondern in höchstem Maße subjektiv. Wahrnehmung ist ein aktiver Prozess, der der Interpretation unterliegt. Unser Gehirn wird ständig mit großen Datenmengen konfrontiert, vieles davon ist sinnlos oder auch widersprüchlich. Aus dieser Flut von Sinneseindrücken setzt unser Gehirn eine oder mehrere mögliche Repräsentationen der Wirklichkeit zusammen. Aus der Fülle möglicher Deutungen muss es die plausibelste auswählen und allzu Ungewöhnliches verwerfen. Deshalb können wir beispielsweise auch dann Sätze verstehen, w nn der T xt lück nhaft ist oder die Buchstabenreihenfolge enifcah vretaucsht wrude. Zudem sehen wir, was wir zu sehen erwarten. Und diese Erwartung ist nicht nur von unserer Umgebung beeinflusst, sondern auch von unseren Werten und Erfahrungen, unserem Wissen und unserer Stimmung. Jeder von uns hat seine individuelle Vorstellung von der Welt. Das Konfliktpotenzial, das sich allein durch die Verschiedenheit der Wahrnehmung und der daraus abgeleiteten Annahmen über die Welt ergibt, ist riesig. Gerade in Konfliktsituationen wird deutlich, wie verschieden ein und derselbe Sachverhalt von den Beteiligten interpretiert und bewertet wird.

Da Konflikte alltäglich und notwendig sind, brauchen wir nicht nach einem durchweg harmonischen und konfliktfreien Alltag streben. Auseinandersetzungen, Kontroversen und Streit gehören zum Leben dazu. Der Versuch, jeglichen Konflikt zu vermeiden, muss scheitern, denn ein Leben ohne Konflikte bedeutet, wie gesagt, Stillstand. Jede Entscheidung setzt einen Konflikt voraus, der gelöst werden muss. Konflikte sind besser als ihr Ruf.

Wer in einen Konflikt verwickelt ist, reagiert aufgrund unserer unterschiedlichen Wahrnehmung nicht auf dieselben »Tatsachen«, konstruiert nicht dieselben Erklärungen und bewertet sie verschieden. Wenn wir diese Gegebenheiten im Blick behalten, können wir gelassener mit Konflikten umgehen. Wir müssen uns nicht mehr darum streiten, wie die Wirklichkeit wirklich ist. Wir können toleranter gegenüber den Wirklichkeiten anderer sein, denn diese haben die gleiche Berechtigung wie unsere eigene. Damit brauchen wir Meinungsverschiedenheiten und unterschiedliche Vorstellungen und Auffassungen von der Welt nicht als Angriff auf unser persönliches Erleben zu interpretieren. Differenzen im Denken, Fühlen und Wollen können, müssen aber nicht zu Konflikten führen. Es kommt darauf an, wie wir mit unseren Unterschiedlichkeiten umgehen. Dieses bewusste Wissen kann helfen, im Konfliktfall nicht dem Impuls nachzugeben, übereilt zu reagieren. Handeln Sie vorerst gar nicht, dann können Sie in Ruhe überlegen, was eigentlich Ihr aktuelles Ziel ist. Und wahrscheinlich trägt das sogar maßgeblich zur Konfliktlösung bei.

Einer von sieben Milliarden

Vordrängeln in der Warteschlange, den letzten Keks essen, Steuerbetrug, bei Rot über die Ampel fahren, Ellenbogen im Gedränge, die Süßigkeiten nicht teilen, nur die eigenen Probleme wichtig finden. Wer kriegt das größte Stück vom Kuchen? Unterm Strich zähl ich, ich, ich.

Wir leben in unserer kleinen Welt, in der wir der Mittelpunkt sind. In dieser persönlichen Wirklichkeit regt uns der Bio-Bäcker auf, der keine Dinkel-Brötchen mehr hat, erhöht eine ausgefallene U-Bahn unseren Blutdruck, treibt uns der falsche Farbton des bestellten Sofas die Zornesröte ins Gesicht, und unsere größte Sorge ist, ob wir nächstes Jahr wieder ein Zimmer in dem tollen Hotel vom letzten Sommerurlaub bekommen werden.

Unsere Erde entstand vor ungefähr 4,6 Milliarden Jahren, der Mensch bevölkert sie seit 200 000 Jahren. Wäre die Erde einen Tag alt, würden wir seit gerade mal sechs Minuten existieren. Sieben Milliarden Menschen leben hier mit ihren persönlichen Wirklichkeiten. In Deutschland leben fast 82 Millionen Menschen und einer davon sind Sie und einer davon bin ich. Neben uns beiden gibt es weitere sieben Milliarden Mal den Wunsch, auf dieser Erde zufrieden zu leben.

Der amerikanische Psychologe Abraham Maslow bringt verschiedene menschliche Bedürfnisse in eine pyramidenartige Rangfolge.[13] Ganz unten stehen physiologische Bedürfnisse wie zum Beispiel Hunger und Durst, Schlaf und Sex. Sind die elementaren Bedürfnisse ausreichend befriedigt, kümmern wir uns um unsere Sicherheitsbedürfnisse wie beispielsweise ein Dach über dem Kopf und einen sicheren Arbeitsplatz. Auf der dritten Pyramidenstufe stehen Bedürfnisse nach Liebe und Zuwendung. Der Mensch ist ein soziales Wesen und möchte von anderen akzeptiert und anerkannt werden. Die vierte Stufe stellt nach Maslow unsere individuellen Bedürfnisse nach Anerkennung und Wertschätzung in den Vordergrund. Was können wir tun, um unseren Selbstwert zu stärken? Sind alle diese Bedürfnisse ausreichend erfüllt, klettern wir nach Maslow auf die höchste Bedürfnisstufe: das Bedürfnis nach Selbstverwirklichung und persönlichem Wachstum. Hier geht es um den Wunsch, das eigene Potenzial bestmöglich auszuschöpfen.

Viele Menschen in dieser Gesellschaft stehen an der Spitze der maslowschen Bedürfnispyramide – und sehen von dort oben trotzdem nicht das große Ganze. Dabei hilft uns der Blick von oben sehr, entspannter und gelassener mit den alltäglichen Widrigkeiten umzugehen. Der positive Effekt dieser Vogelperspektive lässt sich hervorragend an Menschen beobachten, die von einer großen Reise zurückkehren, für die sie ihre kleine Welt im wahrsten Sinne des Wortes verlassen haben. Menschen, die beispielsweise mit dem Bus durch Südamerika gereist sind und dabei eine Entschleunigung erfahren haben, weil nicht alle 10, 15 oder 20 Minuten ein Bus kommt, sondern unregelmäßig nur einmal am Tag oder in der Woche. Menschen, die das Leben in den Slums von Mexico City, Johannesburg, Rio de Janeiro, Mumbai, Caracas oder auch Detroit gesehen haben und dabei merkten, wie gut es ihnen geht, weil in ihrer 3-Zimmer-Wohnung das Wasser aus dem Hahn kommt und der Strom aus der Steckdose. Menschen, die auf einer ewig langen einsamen Straße entlang der Küste von Südafrika plötzlich eine Stunde lange im »Stau« stehen, weil eine riesige Schafherde gemütlich vor ihnen über die Straße getrieben wird, und die plötzlich in die lachenden Gesichter von Schulkindern blicken, für die diese Straße im Nirgendwo ein kurzes Stück ihres Schulweges ist.

Wir alle streben nach Glück und einem zufriedenen Leben. Sie, ich und die anderen sieben Milliarden Menschen auf dieser Welt. Wenn wir unseren engen Blick weiten, sehen wir nicht nur, dass es uns vergleichsweise gut geht, sondern wir sehen auch andere glückliche Menschen, die mit völlig anderen Lebensbedingungen umgehen müssen, wie zum Beispiel der Suche nach einem Dach über dem Kopf oder Bildungsmangel. Vielleicht können wir dann unser Leben offenherziger betrachten und unser Ärger über fehlende Dinkel-Brötchen oder eine ausgefallene Bahn verpufft in der Bedeutungslosigkeit gegenüber einer Welt, die viele Millionen Jahre alt ist.

Wir tendieren dazu zu glauben, dass die Welt immer so bleiben wird, wie sie war, als wir in sie hineingeboren wurden. Schauen wir nur hundert Jahre zurück, die in Anbetracht der Spanne von der Zeitenwende bis heute auch nur einen Bruchteil der Geschichte darstellt: dann landen wir in der Jugendzeit unserer Groß- und Urgroßeltern und damit in einer Zeit, die sich drastisch von der heutigen unterscheidet. So können wir mit absoluter Sicherheit davon ausgehen, dass sich in dem Zeitraum unseres hoffentlich langen Lebens ebenfalls viele Dinge grundlegend verändern werden. Das Mittelalter ist zum Beispiel erst 500 Jahre passé. Die Welt außerhalb unserer eigenen kleinen Wirklichkeit zu sehen und zu erkunden kann uns ein ganzes Stück mehr Gelassenheit geben.

Aber nicht nur das Reisen in ferne Länder hilft, den eigenen Horizont zu erweitern und aktuelle Probleme und Krisen mit anderen Augen zu sehen. Manchmal reicht es schon aus, eine Reise in die eigene Vergangenheit anzutreten und sich dabei bewusst zu werden, was wir in unserem Leben schon alles erfahren, gelernt und geschafft haben.

Kauf dich glücklich!?

»Endlich bekomme ich auch einen Firmenwagen, dann aber mit Leder-Vollausstattung. Und das BOSE-Soundsystem muss auch sein. Am besten für die kalte Jahreszeit die Sitzheizung mit dazu, und das Panorama-Schiebedach für den Sommer. Die 300 Euro weniger Gehalt im Monat stecke ich schon weg.« Gedanken von Dieter (46), Vertriebsmitarbeiter, nach der Beförderung.

»Bei der Weihnachtsfeier kommen sicher wieder viele in tollen Anzügen. Manche vielleicht sogar im Smoking wie letztes Jahr. Ich muss mir auch mal was Anständiges zum Anziehen kaufen. Hugo Boss sollte es schon sein, wenn ich was Vernünftiges haben will. Hält auch einfach länger.« Gedanken von Heinrich (28), kaufmännischer Angestellter, vor der jährlichen Weihnachtsfeier.

»Wenn ich ein iPad hätte, könnte ich morgens in der U-Bahn mehr Bücher lesen und überall Filme anschauen. Für die Kinder würde ich ein paar tolle Lernspiele installieren und meine ganze Musiksammlung auch ... sieht man ja auch immer häufiger in der U-Bahn.« Gedanken von Sonja (34), an der U-Bahn-Station.

Im Grunde beruht unsere Marktwirtschaft auf der Idee, dass Glück käuflich ist. Viele Firmen bewerben ihre Produkte, indem sie Glücksgefühle versprechen: »Genießen macht glücklich!« (Meggle Group, Lebensmittelhersteller), »Schrei vor Glück!« (Zalando, Modeunternehmen), »Als wär's ein Stück vom Glück!« (Alsfelder Brauerei), »Macht mehr als glücklich!« (Deutsche Fernsehlotterie). Kann man Glück wirklich kaufen oder wird man beim Kaufen glücklich? Aus eigener Erfahrungen weiß jeder, dass das Glück im Zusammenhang mit neuen materiellen Gütern in der Regel nur von kurzer

Dauer ist. Ein Schatz, den wir gestern noch glücklich nach Hause getragen haben, ist heute schon ein gewöhnlicher Gebrauchsgegenstand. Umgekehrt hat unsere materielle Lebenssituation natürlich einen Einfluss auf unser Wohlbefinden – das ist allerdings anders gelagert, als gemeinhin angenommen. Wer mehr Geld auf seinem Konto hat, ist nicht automatisch auch glücklicher. Entscheidend ist, wie viel Geld man zur Verfügung hat. Bis zu einer bestimmten Grenze steht Geld in einem starken Zusammenhang mit dem Wohlbefinden. Es besteht ein riesengroßer Unterschied darin, ob man »kein« oder »genug« Geld hat, aber es macht kaum mehr einen Unterschied, ob man »genug« oder »viel« oder sogar »sehr viel« Geld hat. Wenn wir für die Erfüllung unserer Grundbedürfnisse sorgen können, dann wirkt sich das natürlich positiv auf unser Wohlbefinden aus. Aber darüber hinaus hat die Summe auf unserem Bankkonto nur geringfügig etwas mit dem Grad unserer Zufriedenheit zu tun.

Viele Menschen in Deutschland führen ein Leben im Wohlstand und wollen trotzdem immer weiter nach vorn und immer höher hinaus. Besser leben war gestern, heute heißt die Devise: noch besser leben. Das Märchen vom Fischer und seiner Frau ist in Vergessenheit geraten. Was treibt uns dazu, die Dinge immer mehr zu steigern, immer stärker optimieren zu wollen? Möglicherweise ist es der Wettbewerb: Der Nachbar hat immer die schönere Frau, das größere Haus, den gepflegteren Garten, die älteren Weine. Unsere Zufriedenheit wird deutlich durch den sozialen Vergleich beeinflusst. Studierende wurden im Rahmen eines Experiments gefragt, ob sie lieber 50 000 Dollar verdienen möchten, wenn das durchschnittliche Gehalt aller anderen 25 000 Dollar beträgt, oder ob sie sich lieber für 100 000 Dollar entscheiden würden in einer Gesellschaft, in der der Durchschnitt 250 000 Dollar nach Hause trägt.[14] Der Großteil der Befragten wählte das erste Szenario und verzichtete auf die Aussicht, zwar mehr zu verdienen, aber im Durchschnitt zu den »Geringverdienern« zu zählen. Der Mensch scheint somit mitnichten das rational abwägende Wesen, welches die klassische Wirtschaftstheorie vormals mit dem *Homo oeconomicus* ausrief.

Weitere Studien untersuchten, inwiefern die Assoziation von Geld das Verhalten von Menschen beeinflusst.[15] Die Testpersonen wurden zum Beispiel gebeten, in Sichtweite eines Monitors Fragebögen auszufüllen. Auf dem Bildschirmschoner sah die eine Gruppe Fische und die andere Geldscheine. Für den zweiten Teil des Versuchs sollten die Probanden schon mal einen Stuhl für sich und den angekündigten zweiten Teilnehmer hinstellen. Die Gruppe mit den Geldscheinen im Unterbewusstsein stellte den Stuhl im Durchschnitt fast einen halben Meter weiter weg als die Gruppe mit den im Hintergrund dargebotenen Fischen. Weiterhin untersuchten die Wissenschaftler um Vohs, wie sich die Präsenz von Geld auf die Hilfsbereitschaft auswirkt. Im Rahmen eines Monopoly-Spieles bekamen drei verschiedene Gruppen von Testpersonen entweder 4000 Dollar Spielgeld oder 200 Dollar Spielgeld oder gar kein Spielgeld. Danach führte man die Versuchsteilnehmer auf den Flur, wo eine Mitarbeiterin vermeintlich zufällig eine Handvoll Stifte fallen ließ. Je mehr Geld die Testpersonen bekamen, desto weniger Stifte hoben sie auf. Warum auch? Wer reich ist, braucht nicht auf die Unterstützung seiner Mitmenschen zu hoffen, er kann sich die Hilfe einfach kaufen. Menschen, die mit Geld gelockt wurden, arbeiten auch länger an schwierigen Aufgaben, bevor sie andere um Hilfe bitten. Wer an Geld erinnert wurde, verhält sich egoistischer und selbstbezogener. Eine andere Studie fand heraus, dass Versuchspersonen, die sich Fotos von Luxusgütern anschauten, danach lieber alleine waren und sich ängstlicher und trauriger fühlten als die Kontrollgruppe, die neutrale Bilder sah.[16] Die Wissenschaftler schlussfolgern, dass sich materialistisch eingestellte Menschen stärker um ihre Position in der Gesellschaft sorgen, was zu stärkeren Ängsten und erhöhter Unzufriedenheit führen könne. Andere Untersuchungen belegen, dass Probanden, die materialistischen Reizen ausgesetzt waren, hinterher im Allgemeinen unzufriedener waren.[17] Die Gegenwart von Geld verändert die Menschen – offenbar nicht zum Positiven.

Der Psychologe Bas Kast stellt die These auf, dass der Wohlstand unserer Gesellschaft auf Kosten persönlicher Beziehungen gehe: »Verkehrsmittel verführen dazu, weniger zu Fuß zu gehen – dennoch sind wir für unser körperliches Wohl auf Bewegung angewiesen. Auf ähnliche Weise verführt eine reiche Gesellschaft dazu, unser soziales Leben zu vernachlässigen, auch wenn es für unser psychisches Wohlbefinden das A und O bleibt.«[18] Hinzu kommt: Wer viel besitzt, hat viel zu verlieren. Sich ängstlich an seinen Besitz zu klammern ist das Gegenteil einer gelassenen Lebenseinstellung. Wir müssen aufpassen, dass wir nicht Eigentum von unserem Eigentum werden.

Wenn Sie überlegen, ob Sie sich lieber eine neue Couch anschaffen oder Ihr Geld in einen Wochenendtrip nach Barcelona investieren wollen, entscheiden Sie sich für das Erlebnis. Empirische Untersuchungen zeigen, dass Besitztümer offensichtlich nicht der Schlüssel zum Wohlbefinden sind, sondern viel eher bedeutsame Erfahrungen.[19] Selbst außergewöhnliche Produkte werden zu gewöhnlichen Gebrauchsgegenständen, die schnell in Vergessenheit geraten. An Erlebnisse erinnern wir uns deutlich länger und sie tragen zudem stärker zu unserer Identität bei als materielle Dinge. Außerdem können wir unsere Erfahrungen mit anderen Menschen teilen. Der Schriftsteller Hans Habe sagte einmal, dass Erfahrungen der einzig wahre Reichtum seien, weil wir ihn nicht verlieren, sondern nur verschenken können – und ihn auch dann behalten, wenn wir ihn verschenkt haben. Deshalb machen uns Erlebnisse viel zufriedener als der schnöde Mammon.

Angst frisst die Seele auf

Sie kriecht einem wie ein kalter Schauer über den Rücken, ein flaues Gefühl im Bauch breitet sich aus, die Pupillen weiten sich, der Mund ist trocken, das Herz rast, der Puls hämmert im Hals, alle Muskeln sind angespannt, die Reaktionsbereitschaft ist erhöht, die Aufmerksamkeit gesteigert, kalter Schweiß bricht aus, die Atmung ist schnell und flach, Hände und Knie zittern, Übelkeit und Atemnot treten auf. Wir fühlen uns bedroht, hilflos und ausgeliefert.

Angst ist eine der elementarsten Emotionen. Angst treibt uns an. Ein Leben ohne Angst gibt es nicht. Sie schützt uns vor gefährlichen Situationen, Menschen und Objekten, indem sie uns warnt. Angst zu haben ist überlebenswichtig.

Viele Kinder fürchten sich im Dunkeln vor Hexen, Geistern, Monstern und anderem Fabelgetier. Finstere Kellergewölbe sind auch vielen Erwachsenen nicht geheuer. Und wer geht schon freiwillig allein im Dunkeln durch den Wald? Die meisten von uns gruseln sich vor Horrorfilmen und gehen Spinnen und Schlangen aus dem Weg. Auch eine Patientin Justin Feinsteins von der University of Iowa erinnert sich, wie sie als Kind erschrak, als ihr Bruder hinter einem Grabstein hervorsprang.[20] Doch seit zirka 35 Jahren hat die 45-Jährige keine Angst mehr. Eine seltene Krankheit, das Urbach-Wiethe-Syndrom, zerstört durch Kalkablagerungen die Struktur der Amygdala. Dieser kleine Mandelkern im Temporallappen des Gehirns gilt als Sitz der Angst. Wissenschaftler versuchten, die Patientin das Gruseln zu lehren. Sie besuchten mit ihr ein Spukhaus, doch anstatt sich vor den Monstern zu gruseln, versuchte sie, freundlich mit ihnen ins Gespräch zu kommen. Im Zooladen wollte sie neugierig Spinnen und Schlangen berühren, ungeachtet der wiederholten Hinweise, dass diese Tiere sehr gefährlich seien. Bei Filmvorführungen erlebte die Patientin alle möglichen Gefühle wie Ekel, Ärger, Traurigkeit, Glück und Überraschung auf normalem Niveau – verspürte aber selbst bei den gruseligsten Horrorfilmen keinerlei Furcht. Auch im realen Leben konnte die Frau Gefahren nicht richtig wahrnehmen und geriet dadurch schon häufiger in kritische Situationen. Am meisten verwundert, dass ihr in lebensbedrohlichen Situationen jegliches Gefühl der Verzweiflung oder Dringlichkeit fehlte. »Weil ihr Mandelkern nicht arbeitet, kann [die Patientin] Gefahren weder erkennen noch meiden. Es ist erstaunlich, dass sie noch lebt«, so Feinstein. Ohne ein Gefühl der Angst können wir gefährliche Situationen kaum als das einschätzen, was sie tatsächlich sind. Angst ist ein unverzichtbarer Alarm- und Schutzmechanismus des Menschen.

Das Gefühl der Angst kann sich aber auch pathologisch steigern, bis es das gesamte Leben bestimmt. Von Angststörungen Betroffene sind oftmals so stark in ihrem Alltag eingeschränkt, dass sie nicht mehr alleine vor die Tür gehen können, ohne Todesängste zu durchleben. Klinisch relevante Ängste zeichnen sich durch subjektiv starke und häufige Angstreaktionen aus: »Dann fürchte ich, dass ich total die Kontrolle verliere, ich denke: ›Ich muss sterben‹, ›Ich kann nicht atmen‹, ›Ich werde es nie schaffen.‹ Manchmal habe ich Angst, dass ich geisteskrank bin, dass ich nicht damit fertig werde. Ich bin schon ins Krankenhaus gekommen, weil ich es nicht kontrollieren konnte.«[21] Die Betroffenen verlieren die Kontrolle über ihre Angst und versuchen, alle Situationen, in denen die Angst auftreten könnte, zu vermeiden. Bei einer Schlangen- oder Spinnenphobie ist die Vermeidung der angstauslösenden Objekte leicht. Wir begeben uns einfach nicht an Orte, an denen wir Schlangen oder Spinnen begegnen können. Aber wenn die Angst in alltäglichen Situationen, zum Beispiel beim Einkaufen oder auf der Arbeit, auftritt, bedeutet das Vermeiden dieser Situationen eine hohe Belastung und Beeinträchtigung der Lebensqualität. Ungefähr 15 Prozent der Bundesbürger leiden unter klinisch relevanten Angststörungen, die ihnen das Leben zur Hölle machen.[22] Oft finden sich als Ursache von heftigen Angstgefühlen und/oder Panikattacken frühere Traumata, die den Betroffenen meist nicht bewusst sind. Die in stark belastenden, hoch beängstigenden Situationen hervorgerufenen Gefühle von Hilflosigkeit, Ausgeliefertsein und Demütigung wurden abgespalten und führen in bestimmten Situationen unter besonderen Bedingungen zum Ausbruch dieses heftigen Gefühls, so, als ob man auf die nicht sichtbare Stelle einer alten Wunde drückt, die wieder zu schmerzen beginnt:

Die Auszubildende J. K. ging täglich mit gutem Gefühl in ihre Ausbildungsstätte und genoss das Zusammensein mit Gleichgesinnten. Das änderte sich schlagartig, nachdem J. K. erlebte, wie eine Auszubildende plötzlich neben ihr vom

Stuhl rutschte und wegen eines Kreislaufzusammenbruchs vom Rettungsdienst abtransportiert werden musste. Sie war unfähig zu reagieren, während die anderen hektisch und panisch erste Maßnahmen einleiteten. Seitdem konnte J. K. die Ausbildungseinrichtung nicht mehr betreten. Sobald sie in die Nähe kam, litt sie unter Herzrasen, Schweißausbrüchen und Atemnot. Diese Panikattacken waren so überwältigend, dass sich die junge Frau immer seltener allein irgendwohin traute. Zwei Jahre lang suchte sie Hilfe bei Haus- und Fachärzten ohne nennenswerte Veränderung. Erst in einer Psychotherapie erinnerte sie sich an den Tod ihrer geliebten Oma, als sie neun war, das plötzliche bewusstlose Runtersacken vom Sessel, die Hilflosigkeit und Panik der Nachbarin und wie J. K. wie erstarrt und unfähig, zu reagieren, das Geschehen verfolgte. Damals war sie nicht in der Lage, irgendetwas zu spüren oder zu denken. Dieses abgespaltene innere Gefühlschaos wurde durch den Zusammenbruch der Auszubildenden und die hektische Erstversorgung durch die Ausbilder wieder aktiviert. J. K. hat inzwischen ihre Ausbildung zur Erzieherin abgeschlossen und ist mit Freude in einem Kindergarten tätig.

Dass wir keine Angst haben wollen, ist nachvollziehbar. Also vermeiden wir angstauslösende Situationen und erleben, dass diese unangenehmen Angstreaktionen ausbleiben. Dieses als angenehm wahrgenommene Nachlassen der Angst interpretiert das Gehirn als Belohnung für das pathologische Vermeidungsverhalten, was dazu führt, dass es sich verstärkt. Hier liegt der Schlüssel zum Abbau von Angststörungen. Nur wenn die Betroffenen lernen, die angstauslösenden Situationen auszuhalten, können sie erfahren, dass ihre schlimmen Befürchtungen nicht eintreten, und Schritt für Schritt lernen, mit der angstauslösenden Situation umzugehen.

»Du musst alles tun, was dir Angst macht. Alles. Damit meine ich nicht, dass du dein Leben riskieren sollst, aber alles andere. Du solltest über Angst nachdenken und dir gut überlegen, wie du damit umgehen willst, denn Angst ist das große Thema in deinem Leben, glaub mir. Angst ist der Schlüssel zu deinem Erfolg und der Hauptgrund für dein Scheitern, Angst ist das zugrunde liegende Dilemma in jeder Geschichte, die du dir über dich selbst erzählst. Und was ist die einzige Chance, die du gegen Angst hast? Folge ihr. Lass dich von ihr leiten. Du darfst Angst nicht als den Schurken sehen. Betrachte Angst als deinen Führer, deinen Wegweiser.«[23] Diesen weisen Rat gibt die Romanfigur Bud seinem 14-jährigen Angestellten in J. R. Moehringers Roman *Tender Bar*. Wo die Angst ist, ist der Weg. Jemand, der unter Angststörungen leidet, muss seinen Weg durch die Angst finden, um neu zu lernen, mit den Herausforderungen des Lebens umzugehen. Auch wir müssen uns unserer Angst stellen, wenn wir etwas lernen wollen. Denn alles Neue, Unbekannte und Fremde ist potenziell angstbesetzt, weil es die Gefahr eines unkalkulierbaren Risikos in sich birgt. Wir können Angst nicht aus unserem Leben verbannen. Aber wir können unsere Angst spüren und ihr die Bedrohung nehmen, indem wir sie bewusst wahrnehmen, annehmen und hinterfragen. Angst verengt unseren Blickwinkel. Wer Angst hat, ist nicht gelassen. Wenn wir es wagen, unsere Ängste zu akzeptieren und uns ihnen zu stellen, können wir auch Erfolge feiern und uns gelassener weiterentwickeln.

Guten Morgen, liebe Sorgen

»Hoffentlich wird das Projekt noch rechtzeitig fertig. Wenn Herr Meyer heute nicht endlich die Informationen schickt, werde ich es nicht mehr pünktlich bis zum Abgabetermin schaffen. Er hat mich gestern auch nicht gerade freundlich gegrüßt. Habe ich mich beim letzten Meeting falsch verhalten? Aber ich musste doch auf die Kosten hinweisen. Hoffentlich findet er die Zusammenarbeit mit mir nicht unangenehm. Ich brauche dringend weitere Aufträge, sonst wird das finanziell verdammt knapp.«

Sorgen begleiten unser Leben. Was bringt uns das Morgen? Wir sorgen uns um unsere Sicherheit, unsere Gesundheit, unsere berufliche Situation, unsere sozialen Beziehungen und vor allem um unsere Kinder. Klimawandel, Krisenherde, Arbeitslosigkeit, steigende Staatsschulden, unsichere Renten, Kriminalität nehmen wir als Bedrohungen unserer Sicherheit und Gesundheit wahr. Für Grübeleien gibt es ebenfalls reichlich Anlass: falsche Entscheidungen, verpasste Gelegenheiten, ungelöste Konflikte oder wie andere uns sehen und bewerten – all diese Dinge können unser alltägliches Leben beeinflussen. Man braucht eine große innere Selbstsicherheit und eine positive Grundhaltung, um bei der geringeren sozialen Absicherung und anderen Risiken unserer Zeit ausgeglichen und optimistisch zu bleiben. Sich mit möglichen Bedrohungen und Gefahren gedanklich auseinanderzusetzen stellt aber eine wichtige Schutzfunktion dar. Indem wir uns zukünftige mögliche Szenarien in unserer Fantasie vorstellen und ausmalen, können wir entsprechende Handlungsoptionen durchspielen und sind so auf eventuell eintretende Situationen zumindest gedanklich vorbereitet.

In den Tiefen des Gehirnes ist es in uns angelegt, bei potenzieller Gefahr unsere Aufmerksamkeit auf die Bedrohung zu richten, um vorausschauend und schnell handeln zu können. Zielloses Grübeln dagegen und endlose Gedankenschleifen bringen uns einer Problemlösung nicht näher. Sorgen über Ereignisse, die sehr unwahrscheinlich sind oder sich unserer Kontrolle entziehen, sind reine Energie- und Zeitverschwendung. Während sich unser Gehirn düstere Zukunftsszenarien ausmalt, macht sich unser Körper kampf- beziehungsweise fluchtbereit. Er reagiert mit Anspannung und Aktivierung auf eine Gefahr, die nur in unserer Vorstellung existiert. Obwohl noch gar nichts Schlimmes passiert ist, fühlen wir uns gestresst.

In der westlichen Welt sind wir kaum einer realen Gefahr für Leib und Leben ausgesetzt: Wir hungern, dürsten, frieren in der Regel nicht und haben ein warmes und gemütliches Zuhause. Eigentlich ist doch alles in Ordnung – und trotzdem grübeln und sorgen wir uns. Und das besonders gern, wenn wir uns eigentlich entspannen und abschalten wollen. Wir drehen uns immer wieder im gleichen Gedankenkarussell, ohne eine Lösung zu finden. Doch es bringt nichts, sich mit Dingen zu beschäftigen, die entweder aller Voraussicht nach ohnehin nicht eintreten werden oder an denen wir im Fall der Fälle nichts ändern können. Die Neigung zum Grübeln entspringt unserem Selbstbild und Selbstverständnis, die durch all unsere bisherigen Lebenserfahrungen geprägt wurden. Wer beispielsweise dazu neigt, sich selbst die Schuld für Misserfolge zu geben, und nicht gelernt hat, eine objektivere Analyse der Ursachen für das vermeintliche Scheitern vorzunehmen, wird immer wieder mit den gleichen altbekannten Sätzen im Gedankenkarussell konfrontiert werden wie »Ich schaff es nicht« oder »Wieder hast du versagt«. Vielleicht grübeln wir und produzieren dabei die immer gleichen Gedankenketten, weil wir auf diese Weise die Angst nicht so deutlich spüren, die hinter den Sorgen lauert. Manche Menschen können die Unsicherheit, die das Leben unwiderruflich mit sich bringt, schwer aushalten. Sich Sorgen machen gibt uns in einer unsicheren Situation wenigstens die Illusion, wir hätten einen Einfluss auf das zukünftige Geschehen. Jedoch: Zu viele Sorgen um das Morgen nehmen die Chance, das Heute in vollen Zügen zu erleben.

Wenn wir uns weniger Sorgen machen, heißt das nicht, dass wir Problemen aus dem Weg gehen. Möchten Sie ein selbstbestimmtes Leben führen, müssen Sie sich natürlich auch mit den Stolpersteinen und Schwierigkeiten des Lebens auseinandersetzen. Doch es nützt niemandem etwas, wenn Sie Ihre Zeit und wertvolle Energien damit verschwenden, sich über Dinge zu sorgen, an denen Sie nichts ändern können. Es gilt vielmehr, seinen sorgenvollen Gedanken Taten folgen zu lassen, die dazu geeignet sind, für den Fall der Fälle Vorsorge zu treffen. Wir könnten die meisten Probleme, die uns plagen, überwinden, wenn wir jeden Augenblick der Sorge durch eine Lösung ersetzten. Lediglich Besorgnis in Kombination mit Handeln kann Unheil verhindern, sofern es in unserer Macht steht, Einfluss darauf zu nehmen. Führt Sorge zur Vorsorge, ist sie hilfreich. Wer zum Beispiel Geld fürs Alter zurücklegt oder zur Brustkrebs-Früherkennung geht, hat eine Sorge weniger. Wenn sich aber keine Vorsorge anbietet, bleibt uns nur noch, das Problem anzunehmen und zu akzeptieren.

Leider lassen sich Sorgen und Kummer nicht so einfach wegzaubern oder wegdenken. Das Unterdrücken von Gedanken funktioniert nicht. Wenn ich Sie auffordere, jetzt *nicht* an eine Tasse Tee zu denken, werden Sie mit Sicherheit an eine Tasse Tee denken. Eine bessere Methode ist Ablenkung. Wenn wir uns beschäftigen, sind wir auf die jeweilige Tätigkeit konzentriert. Schon nach etwa acht Minuten ist die Stimmung nach derlei Ablenkungen wieder besser, hat die amerikanische Psychologie-Professorin und Depressionsforscherin Susan Nolen-Hoeksema festgestellt.[24] Wir können quälende Gedanken auch aufschreiben, wenn sie uns nicht mehr loslassen wollen. Was könnte schlimmstenfalls passieren? Was habe ich dann für Möglichkeiten? So haben wir unsere Grübeleien auf dem Papier und nicht mehr im Kopf. Auch Gespräche mit Freunden können uns helfen, eine emotionale Distanz zu unseren Sorgen zu schaffen. Gerade andere können uns dabei unterstützen, unsere Befürchtungen auf Realitätsnähe zu überprüfen.

In neueren psychologischen Überlegungen wird nicht mehr allein der Inhalt der Gedanken als das Problem angesehen, sondern vor allem die Art und Weise, wie wir mit unseren Gedanken umgehen. Nicht *was* wir denken, ist das Problem, sondern *wie* wir unsere Gedanken bewerten. Wenn ich in vielen sozialen Situationen denke: »Das halte ich nicht aus« und daraufhin immer mit Flucht- oder Vermeidungsverhalten reagiere, werde ich eine soziale Phobie entwickeln, die über kurz oder lang behandlungsbedürftig sein wird. Der Gedanke an sich ist unproblematisch, solange ich ihn nicht als wahr und richtig beurteile und meine Handlungen nicht von ihm bestimmen lasse. Es gibt Momente, in denen wir mit unseren Gedanken verschmelzen, das heißt, dass wir uns mit ihnen identifizieren im Sinne von Descartes' Aussage »Ich denke, also bin ich« – ein Vorgang, den Psychologen heute als kognitive Fusion bezeichnen. Eine innere Distanz zu seinen eigenen Gedanken zu haben ist besonders schwierig, wenn starke Emotionen im Spiel sind. Ein Ausweg ist die metakognitive Bewusstheit, ein Zustand, der einen gewissen Abstand zu unseren eigenen Gedanken zulässt im Sinne von: »Ich habe einen Gedanken, aber ich bin nicht der Gedanke.« Nun haben wir genug Raum, um zu entscheiden, ob wir diesen Gedanken für wahr erachten und ihm weiter folgen möchten oder nicht. Wenn ich beispielsweise denke: »Ich habe versagt«, dann muss ich aus diesem Gedanken nicht zwangsläufig endlos Gedankenschleifen bilden. Im Zustand der metakognitiven Bewusstheit kann ich erkennen, dass ich *denke*, dass ich versagt habe, und in einem zweiten Schritt selbst prüfen, ob ich diesen Gedanken für wahr erachte oder ihn besser noch mal untersuchen sollte, ob er auf das reale Geschehen auch zutrifft. Meistens entsprechen solche abwertenden Gedanken nicht der Realität.

Auf diese Weise entwickelt sich mit ein bisschen Übung ein »innerer Beobachter«, der verhindert, dass all unsere Gedankenschleifen automatisch und unbewusst ablaufen. Natürlich ist es in unserem Leben von großem Vorteil, dass wir auf Autopilot schalten können und viele Gedanken- und Handlungsabläufe automatisiert ablaufen. Andernfalls wären wir gar nicht dazu in der Lage, unseren komplexen Alltag zu bewältigen. Wenn Sie aber merken, dass Ihre Gedanken anfangen, sich quälend im Kreis zu drehen, dann halten Sie einen Augenblick inne. In einem Moment der Ruhe können wir unsere Gedanken wie »spielende Kinder« beobachten, das heißt, wir können sie betrachten, ohne sie gleichzeitig sofort zu bewerten. Sie können sich Ihre Gedanken auch als vorbeifahrenden Zug vorstellen. Versuchen Sie, Ihre Sorgen Wagen für Wagen, Gedanken für Gedanken vorüberziehen zu lassen, ohne in den Zug einzusteigen. Hinter diesen Vorschlägen steckt das Konzept der Achtsamkeit, das wieder stärker im Fokus psychologischer Theorie und Praxis steht. Wenn Ihre sorgenvollen Gedanken nicht zu einer Lösung führen, dann sind sie auch nicht hilfreich und Sie können sie in Ruhe vorbeifahren oder -ziehen lassen. Beobachten Sie Ihren Geist und alles, was er produziert, mit einer inneren Distanz. Kein Ding an sich ist gut oder schlecht, erst die Gedanken machen es dazu. Übrigens: Herr Meyer aus dem Einführungstext zu diesem Abschnitt hat die Daten noch rechtzeitig geschickt.

Die Macht der Zuversicht

»Das Glas ist halb voll«, sagt der Optimist. »Das Glas ist halb leer«, entgegnet der Pessimist. »Optimisten sind nicht davon überzeugt, dass alles gut gehen wird. Aber sie sind überzeugt, dass nicht alles schiefgehen wird.«

»Pessimisten sehen keine Chancen, sondern Risiken.«

Sind Optimisten tatsächlich Glückskinder, die spielend die Krisen und Herausforderungen des Lebens meistern und die Sonnenseite des Lebens genießen? Und sind Pessimisten wirklich ewige Miesepeter, die grummelnd grimmig die Welt betrachten und immer mit dem Schlimmsten rechnen? Mit dem Siegeszug der Positiven Psychologie sind die Vorteile positiven Denkens zu Allgemeinwissen geworden. Die Wissenschaftler um den Begründer dieser neuen Fachrichtung, Martin Seligman, versuchen, das Rätsel des Glücks zu entschlüsseln. Einer der Schlüssel zum Glück ist eine optimistische Lebenseinstellung. Viele wissenschaftliche Befunde dokumentieren die Vorteile einer optimistischen Grundhaltung. Sie hat einen positiven Einfluss auf die Psyche und steigert die Lebensfreude. Optimisten spüren weniger Schmerz, haben eine schnellere Wundheilung, haben einen niedrigeren

Blutdruck und stecken sich nicht so häufig mit Erkältungsviren an. Sie kommen besser mit Stress zurecht, bewältigen Belastungen besser, haben ein geringeres Depressionsrisiko und leben länger. Sie haben ein höheres Selbstwertgefühl und eine stärkere Selbstwirksamkeitserwartung.[25] Das heißt, sie vertrauen ihren eigenen Fähigkeiten und Fertigkeiten, den Anforderungen des Lebens gewachsen zu sein und Situationen im Sinne ihres angestrebten Ziels beeinflussen zu können. Diese Überzeugung wirkt sich positiv auf die Wahrnehmung der Lebensumstände, die Motivation und die Leistung aus.

»Das Glück deines Lebens hängt von der Beschaffenheit deiner Gedanken ab«, schrieb Marc Aurel vor vielen hundert Jahren und liegt damit auch heute noch im Grunde richtig.[26] Vom Realisten unterscheidet den Pessimisten und den Optimisten die gedankliche Bewertung. Der Klassiker um das halb volle beziehungsweise halb leere Glas verdeutlicht diesen Unterschied beispielhaft. Der Realist würde ohne Bewertung beschreibend sagen: »In das Glas passt doppelt so viel Flüssigkeit hinein.« Da Menschen aber stark zu Bewertungen neigen, scheint eine positive Bewertung deutlich Vorzüge gegenüber einer negativen Bewertung zu haben. In besonderen Leistungssituationen, etwa wenn wir Prüfungen absolvieren müssen oder Vorträge halten sollen, kann negatives Denken hinderlich sein. Wenn wir fürchten, die Situation nicht zu meistern, Angst haben, zu versagen, kann dieser zusätzliche Stress, der sich durch negative Gedanken immer mehr verdichtet, dazu führen, dass wir es wirklich nicht schaffen. Und das haben wir dann ja schon gewusst – ein Beispiel für eine sich selbst erfüllende Prophezeiung.

Stress ist mitunter hausgemacht und hat mit der Realität nicht viel zu tun. Der Psychologe William James hat diesen

Mechanismus umgekehrt betrachtet und verallgemeinert: »Wer daran glaubt, dass das Leben lebenswert ist, handelt so, dass das Leben lebenswert wird.«[27] Da wir keine Hellseher sind, die in die Zukunft schauen können, ist es durchaus legitim, von einer positiven Entwicklung auszugehen, anstatt eine negative Entwicklung zu erwarten. Schon allein die Erwartung, dass die Zukunft Gutes bringt, hat einen positiven Effekt. Hilary A. Tindle von der University of Pittsburgh und ihre Kollegen untersuchten mehr als 97 000 Frauen im Alter von 50 bis 79 Jahren über einen Zeitraum von mehr als acht Jahren.[28] Frauen, die optimistisch in die Zukunft blickten, hatten im Vergleich zu pessimistisch eingestellten Frauen ein um 9 Prozent geringeres Risiko, Herzkrankheiten zu entwickeln, und ein um 14 Prozent geringeres Risiko, im Laufe des Studienzeitraums aus beliebigen Gründen zu versterben. Das Sterberisiko für Teilnehmerinnen, die besonders pessimistisch und feindselig eingestellt waren, war dagegen um 16 Prozent erhöht. »Der Großteil der Beweise legt nahe, dass beständige hohe Anteile von Negativität ein Gesundheitsrisiko darstellen«, erklärt Tindle. »Als Ärztin würde ich daher begrüßen, wenn die Menschen versuchten, ihre Negativität allgemein zu reduzieren.«[29]

Müssen wir uns gesund denken? Kann man positives Denken lernen? Unser Gehirn ist aufgrund der neuronalen Plastizität ein ständig lernendes System. Jede Erfahrung, die wir machen, verändert die synaptischen Verschaltungen im Neuronen-Netzwerk. Damit sind wir nicht durch Gene und Kindheitserlebnisse in unserer Persönlichkeit determiniert. Jeder optimistische Gedanke und jede Handlung hinterlässt Spuren, die mitunter zu neuen positiven Erfahrungen führen können, die ebenfalls unsere neuronalen Verschaltungen beeinflussen. Wenn eine Sache nicht rund läuft, ist das noch kein

Grund, seine gesamte Kompetenz infrage zu stellen. Wenn ich eine Prüfung nicht bestehe, heißt das nicht zwingend, dass ich den Master nicht schaffe, oder wenn mich ein Zahnarzt falsch behandelt, heißt das nicht, dass alle Zahnärzte inkompetent sind. In vielen Fällen ist uns der Mechanismus der Generalisierung nützlich, weil wir unsere komplexe Welt vereinfachen, um nicht die Orientierung zu verlieren. Wir müssen nicht auf jede einzelne Herdplatte fassen, um immer wieder zu lernen, dass wir uns die Finger verbrennen. Wenn wir aber durch starke Verallgemeinerungen wichtige Details übersehen, sind sie nicht mehr hilfreich. Schwarz-Weiß-Denken lässt außer Acht, dass unser Leben vor allen Dingen aus Mischtönen besteht. Die Realität ist viel differenzierter und nutzt alle Farben des Farbspektrums. Ob das Glas halb voll oder halb leer ist, kommt auf die Sichtweise des Betrachters an. Die bewusste Suche nach allen Aspekten einer Situation gehört wesentlich zu einer optimistischen Lebenseinstellung.

Doch die Sache hat einen Haken: Aufgrund der Vielfalt an wissenschaftlichen Befunden über die Vorteile positiven Denkens besteht die Gefahr, dass im Zuge des Versuchs, positiver zu denken, negative Emotionen und Gedanken als ungesund abgewertet und aus dem Alltag verbannt werden. Dabei sind negative Gefühle nicht per se schädlich. Ganz im Gegenteil, Gefühle der Trauer, Einsamkeit oder Wut müssen ihren Raum bekommen und sind notwendig für ein erfülltes Leben. Die Auseinandersetzung mit den eigenen Gefühlen ist wichtig. Eine optimistische Grundhaltung bedeutet nicht, negative Emotionen zu verdrängen oder einfach die rosarote Brille aufzusetzen, um die Welt schöner zu färben. Es geht eher darum, die eigene Wahrnehmung für das Positive zu schärfen und Zuversicht zu entwickeln, dass vieles schon gut gehen wird.

Auf der Suche nach dem Glück

Es sprach der Meister zu seinen Schülern: »Das Glück ist ein Schmetterling. Jag ihm nach und er entwischt dir, setz dich hin, und er lässt sich auf deiner Schulter nieder.« (aus »Gib deiner Seele Zeit« von Anthony de Mello)

Wir wollen mehr Erfolg, mehr Geld, mehr Freunde, mehr Liebe. Alles Wünsche, um dem höchsten aller Lebensziele näherzukommen: dem Glück. Jeder will es, aber keiner kann es dauerhaft an sich binden. Schon Aristoteles wusste: Alle Menschen wollen glücklich sein. Das Streben nach Glück sei der eigentliche Sinn des Lebens, schreibt auch der Begründer der Psychoanalyse, Sigmund Freud, 1930 in seiner Schrift »Das Unbehagen in der Kultur«.[30] Es ist als individuelles Freiheitsrecht sogar in der Unabhängigkeitserklärung der Vereinigten Staaten von Amerika festgeschrieben. Gibt man das Wort »Glück« bei Google ein, erhält man mehr als 114 Millionen Einträge.

Glück ist ein vielfältig schimmernder Begriff. Im Deutschen unterscheiden wir zum Beispiel, ob jemand glücklich ist oder Glück hat. Es gibt einerseits das berauschende Glück des Moments und andererseits das Glück eines gelungenen Lebens. Damit zeigen zwei Wegweiser in Richtung Glück: der *hedonistische*, der das Glück des Augenblicks einzufangen sucht, und der *eudämonische*, der das erfüllte Leben in den Mittelpunkt stellt. Das Glück des Augenblicks ist mit dem faustschen Ausruf »Augenblick, verweile doch, du bist so schön!« relativ einfach zu definieren, aber was macht ein erfülltes, gelungenes Leben aus? »Glück der Fülle« nennt es der Philosoph Wilhelm Schmid, Lebenszufriedenheit nennen es Wissenschaftler, die es sich zur Aufgabe gemacht haben, dem Glück empirisch auf die Spur zu kommen.

Soziale Beziehungen sind die Basis des Glücks, da sind sich so gut wie alle Wissenschaftler einig. Wer eine liebevolle Familie und gute Freunde hat, kann sich glücklich schätzen. Studien der Psychologen und renommierten Glücksforscher Martin Seligman und Ed Diener ergaben, dass die glücklichsten Versuchsteilnehmer die meiste Zeit nicht allein waren.[31] Sie verbrachten viel Zeit mit ihrer Familie, ihren Freunden und Bekannten. Aber auch das Bibelwort »Geben ist seliger denn Nehmen« ist empirisch abgesichert. Eine Untersuchung der Psychologieprofessorin Sonja Lyubomirsky von der University of California fand heraus, dass die Ausführung von »freundlichen Handlungen« über einen Zeitraum von sechs Wochen die Lebenszufriedenheit der entsprechenden Probandengruppe deutlich ansteigen ließ.[32]

Freiwillige Hilfsdienste gehen eben mit positiven sozialen Kontakten einher, vermitteln zudem das Gefühl, etwas Sinnvolles zu tun, und steigern zusätzlich Selbstachtung und Selbstwertgefühl. Aber auch Dankbarkeit fördert Glück. Weitere Forschungsarbeiten zeigen, dass Menschen, die wertschätzen können, was sie im Leben bekommen, glücklicher sind. Und zu guter Letzt: Menschen sind genau dann glücklich, wenn sie gerade eben nicht besonders auf ihr Glück achten: bei der Gartenarbeit, beim Schwatzen mit Freunden, beim Spielen mit den Kindern, beim Spazierengehen, Lesen, Schreiben, Kochen. Wer in seinem Tun versunken ist und an nichts anderes denkt, ist mit all seinen Sinnen im Hier und Jetzt. Psychologen nennen diesen besonderen Glückszustand Flow.[33]

Manche Menschen scheinen ungeachtet ihrer äußeren Lebensumstände meistens zufrieden und glücklich zu sein.

Wurde ihnen das Glück etwa schon in die Wiege gelegt? Es gibt zahlreiche wissenschaftliche Hinweise darauf, dass Glück zu einem gewissen Teil persönlichkeitsabhängig ist.[34] Die amerikanischen Psychologen David T. Lykken und Auke Tellegen untersuchten das Glücksempfinden von 4000 Zwillingen.[35] Sie fanden heraus, dass sich eineiige Zwillinge, die unabhängig voneinander in verschiedenen Adoptivfamilien aufwuchsen, in ihrem Wohlbefinden viel ähnlicher sind als zweieiige Zwillinge, die im selben Elternhaus aufwuchsen. Daraus schloss Lykken, dass unser Glücksempfinden mindestens zur Hälfte von den Genen beeinflusst wird. Über den Daumen gepeilt können wir also davon ausgehen, dass unser Grundgefühl von Zufriedenheit beziehungsweise Unzufriedenheit zur Hälfte auf unsere genetische Ausstattung und zur anderen Hälfte auf unsere Umwelterfahrungen zurückzuführen ist.

Bereits vor 35 Jahren entdeckte der amerikanische Psychologe Philipp Brickman, dass Lottogewinner ungefähr 18 Monate nach der freudigen Nachricht nicht glücklicher waren als diejenigen, die nichts gewonnen hatten.[36] Auch die Glücksgefühle nach einer Beförderung sind nach circa einem Jahr wieder verschwunden, stellte die Wissenschaftlerin Wendy R. Boswell im Rahmen ihrer Untersuchung von Führungskräften fest.[37] Unser Gehirn sei nicht dafür gemacht, dauernd glücklich zu sein, erklärt der Hirnforscher Manfred Spitzer.[38] Wenn wir am Ende unserer Bemühungen eine Belohnung erhalten, wird im Gehirn der Botenstoff Dopamin freigesetzt und wir verspüren Glücksgefühle. Wenn wir einer Gefahr entgehen oder eine schwierige, bedrohliche Situation bewältigen, sorgt unser sinkender Adrenalin- und Cortisolspiegel für angenehme Entspannungsgefühle. Wenn wir haben, was wir brauchen, führen Serotonin und Oxytocin zu

Gefühlen der Ausgeglichenheit, Verbundenheit und Zufriedenheit.

»Jeder ist seines Glückes Schmied.« Diese Aussage des Dichters und Lyrikers Matthias Claudius ist zum gesellschaftlichen Allgemeingut geworden. Doch sie lässt durchaus Spielraum für Interpretationen. Häufig wird sie vor allem vor dem Hintergrund eines Machbarkeitsoptimismus verstanden: Wer will, der kann. Empfehlungen, abgeleitet von wissenschaftlichen Ergebnissen aus der Schatzkiste der Positiven Psychologie, unterstreichen diese Richtung und versprechen: Glück ist machbar, Glück ist lernbar. Man müsse nur wollen. Wer unglücklich ist, kann beispielsweise ein Dankbarkeitstagebuch führen, sich jeden Morgen im Spiegel minutenlang zulächeln oder sich ein Hobby wie Yoga zulegen. Diese Ideen haben auch alle ihre Berechtigung und können sehr wertvoll sein. Wichtiger ist es aber, zuerst sich selbst zu fragen: »Was bedeutet Glück eigentlich für mich?« Für jeden Menschen ist Glück etwas anderes: »Für mich ist Glück, wenn ich den roten Gürtel im Judo kriegen würde« (Junge, 6 Jahre), »... wenn meine Kinder lachen« (Frau, 36 Jahre), »... wenn ich zufrieden mit mir selbst bin« (Mann, 28 Jahre), »... wenn ich gebraucht werde« (Frau, 68 Jahre), »... wenn ich nicht hungere, nicht dürste, nicht friere« (Mann, 42 Jahre), »... wenn ich mir wünsche, den Moment festhalten zu können« (Mann, 31 Jahre), »... wenn ich gesund bin, etwas zu essen und ein Dach überm Kopf habe« (Mann, 26 Jahre), »... wenn ich mich richtig wohlfühle und mir in diesem Moment nichts wünsche« (Frau, 19 Jahre), »... wenn ich meine Rechnungen zahlen kann« (Frau, 46 Jahre), »... wenn ich etwas mit meinen Freunden mache« (Mann, 23 Jahre), »... wenn mich jemand lieb hat« (Junge, 6 Jahre).

Ein erfülltes Leben zeichnet sich nicht einzig und allein

durch eine Anhäufung positiver Gefühle und Erfahrungen aus. Ausschließlich den Genüssen des Lebens zu frönen wird auf Dauer eine zunehmend schale Angelegenheit und kommt hedonistischer Sisyphusarbeit gleich. Gerade das Bewältigen von schwierigen Aufgaben stärkt unser Selbstwertgefühl. Wenn wir bis an die Grenzen unserer Fähigkeiten gehen oder sogar darüber hinaus, um eine Aufgabe zu meistern oder ein Problem zu lösen, entstehen die intensivsten Glücksgefühle – und sie wirken lange nach. Zu einem erfüllten Leben gehören eben auch die Schattenseiten des Daseins. Wissenschaftliche Untersuchungen haben ergeben, dass Menschen, die Krisen, Schicksalsschläge und Leid erfahren und überwunden haben, ihr Leben als befriedigender und reicher empfinden. Der Philosoph Wilhelm Schmid spricht von einer »Paradoxie des Glücks«, da es auch das Unglück mit zu umfassen vermag.[39] Die Kunst des Glücklichseins besteht darin, einerseits die schönen Seiten des Alltags zu finden und zu genießen und andererseits die Herausforderungen, Aufgaben und Krisen des Lebens zu akzeptieren und als Einladung zur persönlichen Weiterentwicklung zu verstehen.

Schon im 6. Jahrhundert vor Christus erklärte der chinesische Philosoph Laotse: Wenn der Mensch aufhöre, nach dem Glück oder anderen Zielen zu streben, sei er wirklich glücklich. Die Suche nach dem Glück beginnt und endet: in uns selbst. Nur wenn wir wissen, was Glück für uns ist, können wir es auch erkennen. Dann können wir stehen bleiben, innehalten und achtsam sein für den Moment, in dem es sich auf unserer Schulter niederlässt.

Herzlich willkommen im Hier und Jetzt

Setzen Sie sich aufrecht und entspannt hin. Richten Sie Ihren Oberkörper auf, damit Sie stabil und würdevoll sitzen, unerschütterlich wie ein Fels. Lassen Sie Ihren Körper langsam zur Ruhe kommen. Es gibt im Moment nichts zu tun, nichts zu erreichen. Unser Geist ist ständig beschäftigt, mit Plänen und Erinnerungen, mit der Vergangenheit oder der Zukunft. Lassen Sie den Alltag ruhen. Versuchen Sie, den jetzigen Augenblick bewusst wahrzunehmen. Sie können Ihre Aufmerksamkeit auf Ihren Atem lenken, ohne ihn zu beeinflussen. Lassen Sie ihn in seinem eigenen Rhythmus mühelos ein- und ausströmen. Spüren Sie, wie die Luft einströmt und sich ausbreitet, wie sich der Oberkörper weitet und der Bauch sich hebt und wieder senkt. Folgen Sie jedem Atemzug in ganzer Länge. Geben Sie jedem Moment Ihre ganze Aufmerksamkeit. Atemzug für Atemzug. Von Augenblick zu Augenblick. Und wenn Ihr Geist auf Wanderschaft geht, lenken Sie Ihre Aufmerksamkeit immer wieder sanft auf den gegenwärtigen Moment zurück. Beobachten Sie den unaufhörlichen Strom von Gedanken, ohne sie zu bewerten oder sich in ihnen zu verlieren. Lassen Sie Ihre Gedanken wie Wolken am Himmel vorüberziehen. Nehmen Sie alles wahr, was geschieht, ohne darüber zu urteilen. In diesem Moment. Und in diesem Moment. Jedes Einatmen ist frisch und jedes Ausatmen ist ein Loslassen.

Oft hetzen wir durch unser Leben, ohne nach rechts oder links zu schauen. In Gedanken sind wir ständig mit der Zukunft oder der Vergangenheit beschäftigt. Das Hier und Jetzt gerät uns dabei völlig aus dem Blickfeld. Viele Menschen haben das Gefühl, noch nicht richtig im Leben angekommen zu sein. Sie glauben, wenn sie dieses bekommen oder jenes erreichen, gehe es ihnen besser. Ein Irrglaube, denn meistens geht es ihnen auch dann nicht besser. »Sorge dich um die Gegenwart, und die Zukunft wird gut sein«, denn »die Gegenwart ist die Mutter der Zukunft«, rät der buddhistische Mönch Maha Ghosananda.[40] Wir leben jetzt! Es geht darum, wieder zu erlernen, den Moment zu achten, unabhängig von Vergangenheit und Zukunft. Denn den Augenblick zu genießen bedeutet, das Leben zu genießen.

Sich des Atems bewusst zu werden ist eine Möglichkeit, im gegenwärtigen Augenblick anzukommen. Der Atem ist der immerwährende Rhythmus unseres Lebens. Dadurch haben wir jederzeit die Möglichkeit, unsere Aufmerksamkeit zum Atem zu führen. Durch eine gleichmäßige, tiefe Atmung entspannt sich zuverlässig und effektiv unser gesamter Körper. Die Atmung wirkt sich in Form der sogenannten respiratorischen Sinusarrhythmie direkt auf die Herztätigkeit aus. Das bedeutet, dass die Herzfrequenz sich bei der Einatmung erhöht und bei der Ausatmung wieder sinkt. Während der Meditation sinken Blutdruck und Puls. In zahlreichen Studien konnte eine positive Wirkung von Meditationsübungen auf das Immunsystem und die Stressbewältigung bei verschiedenen Krankheiten nachgewiesen werden.[41] Ein ruhiger Geist entspannt den Körper und ein entspannter Körper beruhigt den Geist.

Meditationsübungen, die auf der Atmung basieren, sind auch gut dazu geeignet, die Selbstkontrolle der Aufmerksamkeit zu steigern und unsere Konzentrationsfähigkeit zu erhöhen. Eine besondere Form der Aufmerksamkeit wird als Achtsamkeit bezeichnet. Der achtsame Umgang mit dem Augenblick ermöglicht es uns, mit all unseren Sinnen im Hier und Jetzt zu verweilen. Was nehmen Sie in diesem Augenblick wahr? Welche Gedanken oder Gefühle können

Sie gerade jetzt beobachten? Unser Verstand ist andauernd damit beschäftigt, die eingehenden Reize und Informationen zu verarbeiten. Alles, was wir erleben, wird von unserem Gehirn sofort kategorisiert und bewertet und in einem endlosen inneren Gedankenstrom kommentiert. Wenn Sie Ihre Gedanken eine Weile beobachten, werden sie Ihnen wie eine Schar schnatternder Gänse vorkommen. Eine achtsame Haltung hilft uns zu verstehen, dass unsere Gedanken und Gefühle nicht immer mit uns identisch sind. Wir können automatisierte unbewusste Reaktionsweisen erkennen und ein tieferes Verständnis von uns selbst erlangen. Achtsamkeit bedeutet, sich dem unmittelbaren Augenblick aufmerksam zuzuwenden, ohne zu urteilen oder in Grübeleien, Erinnerungen oder Plänen gefangen zu sein. Im Vordergrund steht das nicht wertende Annehmen dessen, was im Moment wahrnehmbar ist. Das können Körperempfindungen, Gefühle, Stimmungen, Sinneswahrnehmungen und Gedanken sein. Achtsamkeit zielt auf das »Sein« statt auf das »Haben, Wollen oder Tun«. Eine achtsame Haltung fördert das Bewusstsein für den gegenwärtigen, lebendigen Augenblick.

Wir alle kennen derartige Momente des Glücks im Leben, in denen wir ganz und gar in unserem aktuellen Tun aufgehen und den gegenwärtigen Moment voll und ganz erleben – ohne Sorgen, ohne Sehnsucht, ohne Leid. Es sind Augenblicke ungeteilter Aufmerksamkeit, die in der Psychologie, wie bereits erwähnt, als Flow-Erleben bezeichnet werden. Manche Menschen treiben zum Beispiel gefährlichen Sport wie Drachenfliegen oder Motocrossfahren. Risikoreiche Aktivitäten zwingen uns regelrecht ins Hier und Jetzt, in einen Zustand voller Lebendigkeit, frei von Zeit, frei von Gedanken. Denn es könnte den Tod bedeuten, sich auch nur für eine Sekunde nicht auf den gegenwärtigen Moment zu konzentrieren. Der gleiche Effekt kann auch durch meditatives Üben von Achtsamkeit erreicht werden, das ist zudem weit weniger gefährlich. Das ist eine einfache und wirksame Methode, ohne zu urteilen, aufmerksam zu sein und im Moment zu verweilen.[42] Mehr Entspannung, Gelassenheit und Konzentration wirken sich förderlich auf unsere Gesundheit und unsere Lebensqualität aus.

Es gibt verschiedene Möglichkeiten, wie Achtsamkeit erlernt und geübt werden kann: körperorientierte (zum Beispiel achtsames Yoga) sowie geistorientierte Übungen (zum Beispiel gegenstandslose Meditation im Sitzen) als auch Achtsamkeitsübungen bei Alltagsaktivitäten (zum Beispiel achtsam gehen oder essen). Das Meditieren ist auch nicht an einen bestimmten Ort oder eine bestimmte Körperhaltung gebunden. Wann immer Sie ungefähr drei Minuten zur Verfügung haben, können Sie beispielsweise den sogenannten Atemraum praktizieren. Diese Übung stellt Ulrich Ott anhand von drei Schritten in seinem Buch »Meditation für Skeptiker« vor: 1.) Gewahrsein: Nehmen Sie alle Ihre Gedanken, Gefühle und Körperempfindungen bewusst wahr. 2.) Sammlung: Beobachten Sie Ihren Atem, und ruhen Sie im gegenwärtigen Augenblick. 3.) Ausdehnen: Nehmen Sie den Körper als Ganzes wahr.[43] So können Sie Ihre Achtsamkeit und Bewusstheit im Alltag stärken. Oder suchen Sie sich einzelne Alltagssituationen aus, um sich in Achtsamkeit zu üben, wie beispielsweise das morgendliche Hygieneritual. Achten Sie darauf, Ihre Aufmerksamkeit bewusst auf den jeweiligen Augenblick zu legen, indem Sie acht- und sorgsam duschen, sich danach fürsorglich und ohne Hast abtrocknen und dabei Ihren Körper voll und ganz wahrnehmen. Suchen Sie sich genau solche Tätigkeiten aus, die normalerweise stark automatisiert ablaufen, wie zum Beispiel Gehen oder

Treppe steigen, Warten an der Haltestelle oder Kasse, Essen oder Trinken, Staubsaugen oder Abwaschen, Duschen oder Baden. Entdecken Sie, wie sich diese oftmals lästigen Handlungen zum Positiven wandeln können, wenn sie mit Achtsamkeit ausgeführt werden.

Achtsamkeit hilft uns, auf die Wechselfälle des Lebens gelassener und entspannter zu reagieren. Viele Meditierende berichten über mehr innere Ruhe, eine verbesserte Konzentrations- und Entspannungsfähigkeit, eine erhöhte Sensibilität in der Körperwahrnehmung und einen gelasseneren Umgang mit Stresssituationen. Bereits nach einer regelmäßigen sechs- bis achtwöchigen Meditationspraxis nimmt die graue Substanz in einigen Kortexregionen zu.[44] Erklären lassen sich diese Effekte mit der neuronalen Plastizität. Durch intensive Beanspruchung ändern sich die Struktur und die Arbeitsweise von Hirnarealen. Wer beispielsweise fleißig Geige spielt, aktiviert ständig die dafür nötigen sensorischen und motorischen Hirnregionen. In diesen bilden sich daraufhin Verbindungen zwischen den Nervenzellen aus, es entstehen neue Schaltkreise. Beispielsweise werden überaktive Schaltkreise im Gehirn, die häufig mit einer depressiven Grübeltendenz einhergehen, durch das Training von wertungsfreiem achtsamem Beobachten beruhigt.

Mithilfe von Meditationstechniken können wir lernen, unseren Körper besser zu spüren und zu akzeptieren. Wir gewinnen durch die distanzierte Beobachtung unserer Gedanken und Gefühle an Gelassenheit und Entscheidungsfreiheit, indem wir automatisierte Reaktionen erkennen und durch bewusstes Handeln ersetzen können. Wir entwickeln ein stärkeres Bewusstsein dafür, dass wir nicht in der Vergangenheit und nicht in der Zukunft leben. Leben ist jetzt!

Arbeit & Beruf

Fheler – kein Erfolg ohne Misserfolg

Es gibt Berufe, die man (nicht) hätte wählen sollen. Es gibt Menschen, die man (nicht) hätte heiraten sollen. Es gibt Dinge, die man (nicht) hätte kaufen sollen. Es gibt Risiken, die man (nicht) hätte eingehen sollen. Es gibt Chancen, die man (nicht) hätte ergreifen sollen. Es gibt viele Entscheidungen, die man hätte treffen sollen oder die man eben nicht hätte treffen sollen. Wir alle machen Fehler.

Fehler sind unangenehm. Man will sie nicht haben. Man will sie nicht machen. Und doch ist irren menschlich, wie jeder von uns weiß. Und zwar zu ungefähr 60 bis 90 Prozent. Wenn irgendwo irgendetwas Schlimmes passiert, geht das meistens auf menschliches Versagen zurück, etwa bei Auto- und Arbeitsunfällen zu 90 Prozent und bei Flugzeugabstürzen zu 70 Prozent.[45] Rechnet man mit, dass Menschen die Technik erfunden haben, liegen wir sogar bei 100 Prozent Fehlerverursachung.

Fehler wollen wir in der Regel vermeiden. Auch wenn in der Theorie seitenlange Abhandlungen über die vielfältigen Vorteile der Fehlertoleranz geschrieben werden, sind wir in der Praxis weit von einer vernünftigen Fehlerkultur entfernt. »Es gibt repräsentative Untersuchungen zur Frage, wie man in verschiedenen Kulturen und Nationen mit Fehlern umgeht. Unter 61 analysierten Staaten hat es Deutschland dabei auf den vorletzten Platz – vor Singapur – geschafft«, bedauert Professor Michael Frese, Fehlerforscher an der Justus-

Liebig-Universität Gießen.[46] In unserer Gesellschaft sind Fehler nichts Gutes. Möglicherweise haben wir das in der Schule gelernt: Fehler führen zu schlechten Noten. Aber auch die Medien verzeihen Fehler von Menschen, die zum Beispiel in der Öffentlichkeit stehen, nicht. »Verwunderlich ist die Angst vorm Fehler, vorm Versagen und Scheitern nicht. Deshalb wird vertuscht und geschwiegen«, sagt Frese, »und wir verlieren enorme Chancen dadurch.« Ohne Fehler leben wir in einer Kultur, in der niemand etwas dazulernt.

Dabei steckt in dem Wort »Fehler« bereits eine andere Sichtweise. Schauen Sie sich einmal genau die Buchstaben an: F E H L E R. Fehler sind H E L F E R. Jeder Fehler, den ich mache, gibt mir die Möglichkeit, zu erkennen, dass ich dazulernen kann. Wer Erfolg haben wolle, der verdopple seine Fehlerrate, soll einst Thomas Watson, der Gründer von IBM, gesagt haben. Viele Menschen denken, dass die Wegweiser Erfolg und Misserfolg in zwei verschiedene Richtungen zeigen. Sobald sie scheitern, kehren sie – im Glauben, den falschen Weg eingeschlagen zu haben – um. Dabei gehören Erfolg und Misserfolg zusammen, denn das Scheitern ist ein wichtiger Aspekt des Erfolges. Wenn kleine Kinder laufen lernen, fallen sie oft hin. Aber dann stehen sie wieder auf und versuchen es weiter, bis sie die ersten erfolgreichen Schritte tun. Eine von vielen Erfolgsgeschichten, die auf vielen Misserfolgen aufbaut und dem Wunsch, es zu schaffen. Kinder lernen auch, wenn sie größer werden, dass Stürze schmerzen. Die Angst zu versagen ist erlernt, denn unsere Gesellschaft belohnt den Erfolg, nicht den Misserfolg. Möglicherweise neigen wir unter anderem deshalb dazu, immer andere für das eigene Scheitern verantwortlich zu machen. Aber es bringt nichts, sich einzureden, die Familie, die Chefin oder der Kollege seien schuld an den Misserfolgen. Verzichten Sie auf die Schuldfrage. Wenn wir nicht die Verantwortung für das Geschehen übernehmen, können wir auch nichts ändern. Wir bleiben so lange hilflos, solange wir glauben, keine Kontrolle über die Situation zu haben. Wir können die anderen nicht ändern, wir können nur selbst etwas ändern. Wir haben nur Kontrolle über die Dinge, die wir selbst in der Hand haben. Es bringt wenig, sich über die Fehler, die andere Menschen haben und machen, zu ärgern. Diese Dinge liegen in der Regel außerhalb unseres Einflussbereiches. Aber wir können schauen, wie *wir* mit der Situation umgehen können. Um Alternativen zu finden, müssen wir sie auch suchen.

Stellen Sie sich auf der einen Seite all Ihre schmerzvollen Momente des Scheiterns, all Ihre Niederlagen vor, und auf der anderen Seite all Ihre Erfolge. Welche Erinnerungen würden Sie lieber behalten, wenn Sie auf eine Seite vollständig verzichten müssten? Aus Fehlern wird man klug. Fehler und Misserfolge holen uns aus der Komfortzone. Alltägliche Routine, liebgewonnene Rituale, kuschelige Gewohnheiten oder eingespielte Abläufe – Fehler im System zwingen uns zum Nachdenken. Und trotzdem ist es nicht so einfach, die richtigen Schlüsse daraus zu ziehen. Wir nehmen die Welt eben nicht objektiv wie eine Kamera wahr, sondern sehen die Realität verzerrt oder verfärbt. Einige Menschen tragen eine rosarote Brille und sehen alles positiv, andere Menschen tragen eine dunkle Brille und sehen alles negativ. Die einen sind erfolgsorientiert, die anderen misserfolgsorientiert. Beide Typen von Menschen sehen die Ursachen für ihre Erfolge, aber auch für ihre Misserfolge ganz unterschiedlich. Optimisten sehen in Erfolgen eher das Ergebnis ihrer Fähigkeiten (»Ich kann das«) und begründen Misserfolge eher mit ungünstigen Umständen (»Da hatte ich Pech, das kann jedem mal passieren«). Pessimisten suchen die Ursache für Misserfolge eher in ihren Charaktereigenschaften (»Ich bin unfähig, mir gelingt nie etwas«) und interpretieren Erfolg als Zufall (»Ich hatte Glück« oder »Das hätte jeder geschafft«). Natürlich gibt es diese zwei Typen nicht in Reinform, aber der eine oder andere hat sicher Tendenzen in die eine oder andere Richtung bei sich festgestellt. Nicht nur die Zuschreibung für die Ursache unserer Erfolge und Misserfolge ist verzerrt, sondern auch die Bewertung unserer Leistung. Tatsache ist, ein leicht positiv verklärter Blick auf die Welt färbt die Wirklichkeit nicht nur schön, sondern verändert sie tatsächlich. Eine positive Grundeinstellung zum Leben steht in empirischem Zusammenhang mit Gesundheit, Leistung und Lebenserwartung.

Menschen sind fehlbar, und trotzdem ist es schwer, sich einzugestehen, dass man etwas nicht geschafft hat. Und genau hier beginnt erfolgreiches Scheitern: die Situation akzeptieren, aus den Fehlern lernen und weitermachen. Wer aus seinen Fehlern nicht lernt, ist dazu verurteilt, sie zu wiederholen. Wenn wir das Machen von Fehlern als bewussten Lernprozess verstehen, können wir nach vorne schauen und gelassen unseren Weg gehen.

Sicher, nicht alles ist möglich. Aber es gibt meistens viel mehr Möglichkeiten, als man denkt. Wenn es nicht funktioniert wie gewünscht, gibt es kein »nie«, sondern nur ein »noch nicht« oder »so nicht«. Bei einem negativen Erlebnis umzukehren und aufzuhören aus Furcht vor weiteren Misserfolgen scheint auf den ersten Blick der einfachere Weg, doch er führt nicht dahin, wo wir hinwollen. Die Fehler, die wir machen, helfen uns dabei, dieses Ziel zu erreichen. Der Weg zum Erfolg liegt in der Bereitschaft zum Misserfolg. Also ziehen Sie los und machen Sie Fehler! Aber versuchen Sie, ein und denselben Fehler nicht zu wiederholen.

Gehirn-Zapping – die Grenzen der Gleichzeitigkeit

Das Telefon klingelt, der Posteingang zeigt sechs neue Nachrichten, das Faxgerät spuckt im Minutentakt Unterlagen aus und Kollegen unterbrechen Sie ständig mit mehr oder weniger wichtigen Fragen, während Sie an einer Excel-Auflistung arbeiten, die Sie Ihrer Chefin schnellstmöglich vorlegen müssen. Ohne Fehler. Gegessen haben Sie noch nichts, dafür umso mehr Kaffee getrunken. Schnell noch die dringliche SMS beantworten. Äh – was wollten Sie gerade noch mal machen? Hektik ist in vielen Berufen fester Bestandteil des Büro-Alltags.

Elf Minuten hat ein Büroarbeiter im Durchschnitt bis zur nächsten Unterbrechung. Um sich danach wieder in die Aufgabe einzudenken, braucht er weitere acht Minuten. Es bleiben ihm also ganze drei Minuten, um konzentriert weiterzuarbeiten. Das fand Gloria Mark, Computerwissenschaftlerin an der University of California, heraus, indem sie mit der Stoppuhr minutiös die Arbeitsabläufe von sieben Managern, acht Programmierern und neun Analysten über mehrere Tage hinweg erfasst hat, insgesamt 700 Arbeitsstunden.[47] Ein Anruf, der mit der aktuellen Aufgabe zusammenhing, wurde dabei noch nicht einmal als Störung gewertet. Zählt man solche Unterbrechungen hinzu, zerfällt die 11-Minuten-Spanne noch mal in Abschnitte von circa drei Minuten. Verständlich, dass es unserem Gchirn schwerfällt, effektiv zu arbeiten, wenn wir ununterbrochen unterbrochen werden.

Alles passiert zur selben Zeit. Die Welt scheint sich immer schneller zu drehen und wir versuchen, wie im Zeitraffer mit den Armen wirbelnd, sämtliche Aufgaben zu bewältigen, um Schritt zu halten. Viele glauben, durch simultane Aufgabenbewältigung mehr Dinge in der gleichen Zeit zu erledigen. Ein Irrtum. Während die Kinder von der Schule erzählen, schreiben wir noch schnell eine E-Mail, wir lesen die digitalen Nachrichten und chatten nebenbei, die Fernsehsender wechseln noch schneller als die Radiosender im Auto. Unsere Gedanken springen hektisch von einer Aufgabe zur nächsten und wieder zurück. Das Gehirn ist dieser Mehrfachbelastung nicht gewachsen. Der Mythos des effektiven Multitaskings ist ein Kind unserer schnelllebigen, modernen Gesellschaft, in der niemand mehr Zeit hat.

Wir glauben zwar, mehrere Dinge parallel bearbeiten zu können. Tatsächlich würden wir die Aufgaben nacheinander erledigen, erklärt der Psychologe und Hirnforscher Ernst Pöppel.[48] Unser Gehirn richtet seine Aufmerksamkeit erst auf einen Vorgang, wechselt dann schnell zum nächsten und wieder zurück. Insofern ist Multitasking die Fähigkeit, schnell zwischen einzelnen Tätigkeiten wechseln zu können. Das ist allerdings nicht mit einer Produktivitätssteigerung verbunden. Im Gegenteil, es schwächt die Konzentrationsfähigkeit und die selektive Aufmerksamkeit. Deshalb machen wir mehr Flüchtigkeitsfehler, die wir in der Regel später korrigieren müssen, und das kostet wiederum wertvolle Zeit. Der Multitasker tritt also nur immer schneller auf der Stelle.

»Information frisst Aufmerksamkeit«, stellte der Entscheidungsforscher Herbert Simon schon vor über vierzig Jahren fest.[49] Im Arbeitsgedächtnis wird unsere Aufmerksamkeit gesteuert, eines unserer kostbarsten Güter. Und so ist ein medialer Kampf um unsere Aufmerksamkeit entbrannt. Überall werden wir über unzählige Kommunikationskanäle mit Informationen versorgt. Je mehr Daten wir gleichzeitig verarbeiten wollen, desto stärker ist unser Arbeitsgedächtnis beansprucht. Das Arbeitsgedächtnis wird häufig mit dem Arbeitsspeicher eines Computers verglichen. Und analog zu dieser Metapher ist die Speicherkapazität unseres Arbeitsgedächtnisses begrenzt. Das zeigt sich beispielsweise dann, wenn man die Socken statt in den Wäschekorb in die Toilette wirft.

Begrenzte kognitive Ressourcen führen zu Stress. Und das Arbeitsgedächtnis hat leider nicht nur eine eingeschränkte Kapazität, sondern speichert die darin enthaltenen Informationen nur für begrenzte Zeit. Zum Beispiel vergessen wir häufig, was wir gerade als Nächstes tun wollten. Schon nach wenigen Sekunden Ablenkung können wir uns in der Regel nicht mehr an die ursprüngliche Aufgabe erinnern – was zu gravierenden Fehlern führen kann, denkt man zum Beispiel an Chirurgen oder Fluglotsen. Allerdings führen die wenigsten Fehler zu Katastrophen. Häufig ist es der hohe Druck, möglichst fehlerfrei zu arbeiten, der den alltäglichen beruflichen Stress mit verursacht. Und unter Stress arbeiten wir erst recht nicht fehlerfrei.

Nicht nur die Verarbeitung, sondern auch die Unterscheidung von wichtigen und unwichtigen Informationen beansprucht »Rechenkapazität«. Denn um störende Mitteilungen auszublenden, muss unser Gehirn sie zunächst als unwichtig kategorisieren. Gar nicht so einfach, wenn man in einer Informationsgesellschaft lebt und sich fast das gesamte Weltgeschehen ins heimische Wohnzimmer liefern lassen kann. Die morgendliche Zeitung ist schon lange nicht mehr der einzige Informationskanal, den wir nutzen. Was ist heutzutage wirklich wichtig? Soll ich mich lieber auf die europäische Finanzkrise, den Umweltschutz oder die internationale Atompolitik konzentrieren? Ist die Klimaerwärmung dringlicher oder sind es die Konflikte im Nahen Osten? Sollen wir die Theatervorstellung genießen oder uns um den nächsten

Steuerbescheid sorgen? Facebook-Status aktualisieren oder die Freundin treffen? Wir sind überfordert angesichts der endlosen Flut an Informationen und Möglichkeiten. Deshalb beginnt die Antwort auf die Frage mit der Einsicht, dass unsere Aufmerksamkeit eine begrenzte Ressource ist. Wir können nicht alles verfolgen, was in der Welt vorgeht. Wir können nicht mehr über alles auf dem Laufenden sein. Wir können nicht alles lesen, um alles zu wissen. Daher können wir uns entspannt zurücklehnen und unsere Interessen verfolgen.

Spätestens dann, wenn unser Gehirn nicht mehr nur wahrnehmen, sondern auch Handlungsanweisungen geben muss, scheitert jeder Versuch simultanen Arbeitens. Multitasking verringert deutlich unsere Reaktionszeit, wie die Ergebnisse klassischer Studien, zum Beispiel der des Psychologen René Marois von der Vanderbilt University in Nashville/USA, zeigen.[50] Wurden den Probanden zwei Aufgaben gleichzeitig gestellt, verzögerte sich deren Reaktion auf die zweite Aufgabe um eine Sekunde. Wurden die Aufgaben dagegen nacheinander gestellt, reagierten sie sofort. Es spart eben keine Zeit, zwei Treppenstufen auf einmal zu nehmen, wenn jeder Schritt wegen der größeren Anstrengung doppelt so lange dauert.

Multitasking spart allenfalls dann Zeit, wenn es sich um einfache Routineaufgaben handelt. Simple Tätigkeiten beanspruchen das Gehirn wenig und lassen sich daher gut mit schwierigen Aufgaben kombinieren. Zum Beispiel können wir Auto fahren und dabei Radio hören. Neben dem Schwierigkeitsgrad beeinflussen noch zwei weitere Faktoren das Ergebnis des Multitaskings: Aufgabenähnlichkeit und Training. Sind sich die parallel zu bearbeitenden Aufgaben ähnlich, beanspruchen sie auch im Gehirn ähnliche Ressourcen und sind daher schlecht zu vereinbaren. So können wir uns nur schwer weiter unterhalten, wenn wir das Gespräch am Nachbartisch belauschen wollen.

Bis zu einem bestimmten Grad kann man Multitasking üben. Verschiedene Experimente zeigen, dass Training die Leistung im Lösen bestimmter Doppelaufgaben verbessert. Neuere Studien, die auf die multimediale Nutzung von Kommunikationskanälen abzielen, zeigen ebenfalls erste Effekte. Menschen, die es gewohnt sind, Informationen parallel über verschiedene Medien aufzunehmen, können beispielsweise Aufgaben, die mehrere Sinne erfordern, besser lösen. Allerdings sind die Ergebnisse mit Vorsicht zu genießen, da sie in der Regel unter Laborbedingungen stattfinden und noch zu wenig realen Bezug zu unserem komplexen Alltag aufweisen.

Im Alltag führt Reizüberflutung zu Hektik, aggressiven Reaktionen und schneller Erschöpfung. Die Mehrfachbelastung durch Multitasking verursacht Stress. Multitasking und Gelassenheit scheinen zwei verschiedene Konzepte zu sein, die nicht miteinander vereinbar sind. Bei dem Versuch, mehrere Dinge gleichzeitig zu tun, sind wir mit den Gedanken ständig woanders. Während wir die Kinder abholen, denken wir an den bevorstehenden Einkauf. Wir ertappen uns dabei, dass wir dem Gegenüber nicht zuhören, sondern gedanklich mit verschiedensten To-do-Listen jonglieren. Wir können den Augenblick nicht mehr genießen. In unserem Kopf schwirren die unterschiedlichsten Aufgaben hin und her. Uns fehlt die Ruhe, um Prioritäten zu setzen. Uns fehlt der Raum, um uns auf Wichtiges konzentrieren zu können. Multitasking hält uns davon ab, im Hier und Jetzt zu leben.

Arbeiten ohne Grenzen?

Apple, Google, Facebook, Amazon, eBay, Twitter, YouTube, WhatsApp, Skype, Dropbox, Xing, Instagram, um nur einige der Unternehmen zu nennen, deren Apps wir heute mit unseren Smartphones nutzen. Diese Unternehmen haben unsere Art zu leben, zu arbeiten und zu kommunizieren in den letzten zehn Jahren drastisch verändert. Der handgeschriebene Brief, das hektische Suchen im Stadtplan während der Fahrt, die Diaabende beim Nachbarn oder das gemeinsame Schulterzucken auf die Frage, ob Meerschweinchen Schokolade vertragen ... alles Vergangenheit. Heute mailen und simsen wir, lassen uns vom Navi leiten, teilen unsere Fotos per Instagram und googeln nach optimalen Aufzuchtsbedingungen von Meerschweinchen.

In atemberaubend kurzer Zeit integrieren wir immer kleinere leistungsfähigere Geräte in unseren Alltag. Die digitale Welt dreht sich immer schneller. Gordon Moore formulierte bereits 1965 sein berühmtes Gesetz, das besagt, dass sich die Rechenleistung alle 12 bis 24 Monate verdoppelt. Noch vor 15 Jahren stand der Computer in der Regel fest installiert in unserem Arbeitszimmer, musste erst einmal hochgefahren werden, damit wir ihn in einem zweiten Schritt mit dem Internet verbinden konnten. Heute können wir immer und überall online sein und auf Wellen von Bildern, Tönen und Texten durch die Welt surfen.

1959 hat der renommierte Wirtschaftswissenschaftler Peter F. Drucker den Begriff *Wissensarbeiter* geprägt und damit eine Entwicklung vorhergesehen, die unsere Arbeitswelt zeitlich, räumlich und technisch entkoppelt hat.[51] Dem Wissensarbeiter stehen alle ihm notwendigen Produktionsmittel ständig zur Verfügung. Er braucht nicht mehr als einen Laptop und einen Internetzugang und kann arbeiten, wann er will und wo er will. So konnten sich flexiblere Arbeitsformen und -zeiten entwickeln. Diese ermöglichen eine selbstbestimmte Einteilung der beruflichen Aufgaben, führen aber auch zu einer stärkeren Überschneidung von Arbeits- und Privatleben. Das ist nicht verwunderlich angesichts der Tatsache, dass der Computer inzwischen zum Zentrum für Produktivität, Unterhaltung und soziale Interaktion geworden ist. Unser berufliches und unser privates Leben sind nur durch einen einzigen Mausklick voneinander getrennt. Die Verantwortung, wie viel Raum wir den unterschiedlichen Lebensbereichen geben, liegt nahezu vollständig bei uns. Viele von uns müssen nun Beginn und Länge der Arbeitszeit, den Arbeitsinhalt und etwaige Unterbrechungen in Form von Pausen selbst bestimmen. Die Zciten der Fremdbestimmung im Arbeitsleben, festgelegte Arbeitszeiten, angeordnete konkrete Arbeitsaufträge, strukturierte Pausen verschwinden zunehmend und machen Gleitzeit, Eigeninitiative und Projektarbeit Platz. Das erfordert mehr Struktur und Eigenverantwortlichkeit für den Einzelnen. Die unbestrittenen Vorteile bringen auch Schattenseiten mit sich.

Das Mediennutzungsverhalten hat sich in den letzten zehn Jahren stark verändert. Manche Menschen haben schon mit einem Klick virtuell das Haus verlassen, noch bevor sie einen Fuß aus dem Bett gesetzt haben. Das Bewusstsein sitzt schon am digitalen Schreibtisch und prüft den Nachrichteneingang, ehe das Frühstück auf dem Tisch steht. Aus unserem Kollegen- und Kundenkreis ist immer jemand online. Eine überarbeitete Agenda für den Termin am Vormittag kann noch um zwei Uhr morgens per E-Mail ihren Weg in unseren Posteingang finden. Ein Ereignis, über das wir tagsüber in der Kaffeeküche sprechen werden, hat bereits in der Nacht unbemerkt den Gipfel der Trending Topics auf Twitter erklommen. Dutzende neue Artikel warten bereits sehnsüchtig darauf, von uns gelesen zu werden. Wir wetteifern um den entscheidenden Informationsvorsprung, um den Anschluss nicht zu verlieren. Mithilfe unserer Smartphones, Tablets und Laptops können wir rund um die Uhr arbeiten.

Wir sind über eine Vielzahl von Kommunikationskanälen erreichbar: Telefon, Fax, E-Mail, SMS sowie via soziale Netzwerke (Skype, Facebook, Twitter etc). Die meisten Berufstätigen sind auch außerhalb ihrer Arbeitszeiten per Handy oder E-Mail erreichbar. Lothar Seiwert, Autor des Ratgebers »Simplify your time«, spricht in diesem Zusammenhang sogar von einer »Tyrannei der Dringlichkeit«.[52] Permanente Erreichbarkeit und verschiedene Kommunikationskanäle würden bei vielen Berufstätigen zu unklarer Prioritätensetzung führen. Wer zwei Mails schreibt, eine SMS und dann noch anruft, könne sich sicher sein: Wir fühlen uns dermaßen unter Druck gesetzt, dass wir rasch handeln, auch wenn dazu eigentlich keine Zeit ist. Wir reagieren wie eine Vogelmutter, die ihre Jungen füttern will. Dasjenige, das am lautesten schreit, bekommt das Futter oder – in diesem Fall – unsere Aufmerksamkeit. So kann es vorkommen, dass wir eigentlich mit unseren Kindern spielen und einem Kollegen gleichzeitig erklären, was die wichtigsten Eckpfeiler der nächsten Präsentation sein werden. Und na klar können wir in unserem wohlverdienten Urlaub auch mal schnell einen Text gegenlesen, den unsere Urlaubsvertretung nur ungern auf eigene Verantwortung an den Kunden schicken will. Der lange Arm der Arbeit reicht bis in das Familienleben, das Wochenende, in den Urlaub.

Doch welchen Preis zahlen wir, wenn wir uns gedanklich ständig mit der Arbeit beschäftigen, kaum noch innehalten und nicht mehr abschalten? Zeigen wir wirklich mehr Leistung? Haben wir tatsächlich einen realen Informationsvorteil? Können wir alle diese Informationen überhaupt noch richtig verarbeiten? Wir glauben, das bisschen Zeit, die es uns kostet, schnell eine E-Mail zu schreiben oder etwas gegenzulesen, kann nicht schaden, dabei verlieren wir immer wieder unweigerlich unseren Fokus. Wir tun mehrere Dinge gleichzeitig und unterliegen dabei häufig dem Trugschluss, effizienter zu sein. Ein Großteil der Informationen, die wir den Tag über aufnehmen und verarbeiten, hat für uns keinerlei echte Relevanz und es ist zudem relativ gleichgültig, ob wir sie in dem Augenblick erfahren oder später. Was würde passieren, wenn wir auf eine E-Mail ein paar Minuten später reagierten, als wir es eigentlich vorhatten, und was nach 30 Minuten oder fünf Stunden? Vermutlich würde es keinen Unterschied machen.

»Alles hat seine Zeit«, lautet ein altes deutsches Sprichwort. Medienkompetenz bedeutet in diesem Zusammenhang, seine Zeit und seine Aufmerksamkeit sinnvoll zu fokussieren und zu strukturieren. Wenn wir mit unseren Kindern auf dem Spielplatz sind, haben wir eben nicht ausreichend Zeit für berufliche Anliegen. Sich Freiräume zu schaffen, in denen man weder erreichbar noch verfügbar ist, ist die heutige Anforderung an Mediennutzer, um einem dauerhaften Gefühl der Überforderung vorzubeugen. Neben der Menge an Informationen ist es auch der Druck, immer schneller zu reagieren, der dem modernen Menschen das Leben, die Ruhe und das bewusste Handeln nimmt. Dabei ist die beste Lösung manchmal ziemlich banal: öfter mal den Aus-Knopf drücken. Auszeiten fördern nicht nur die Regenerationsfähigkeit und stärken das Gedächtnis, sondern sie sind die Basis für psychisches Gleichgewicht. Es liegt in unserer Verantwortung, der

Arbeit Grenzen zu setzen. Manchmal sind es einfache Antworten, die komplexe Fragen lösen: erst ausschalten, dann abschalten.

Von der Angst zu versagen

Die Sekretärin M., die abends regelmäßig ein Glas zu viel trinkt, der Schüler D., der nicht mehr in die Schule geht, die Managerin S. mit den chronischen Magenschmerzen, der Lehrer K. mit den anhaltenden Ermüdungs- und Erschöpfungserscheinungen, die leitende Sozialpädagogin N. mit den ständigen Rückenbeschwerden, der Bauingenieur R. mit Herzrhythmusstörungen – sie alle leiden unter der Angst, nicht zu genügen.

Wir alle kennen die Angst zu versagen. Schon Schulkinder nennen als Antwort auf die Frage, wovor sie am meisten Angst haben, die Angst vor dem Scheitern. Wie in vielen anderen Dingen im Leben ist das Maß entscheidend, ob sich etwas positiv oder negativ auswirkt. Ein bisschen Angst treibt uns an, denn sie konzentriert alle Kräfte auf die bevorstehende Leistungssituation wie beispielsweise eine Prüfung zu bestehen oder eine Rede zu halten. Viele Menschen halten den Prüfer oder ein größeres Publikum jedoch für mindestens so gefährlich wie einen Säbelzahntiger. Manchmal nehmen wir bereits im Vorfeld gedanklich den unglücklichen Ausgang einer Beurteilungssituation vorweg, werten uns selbst ab und steigern uns in die Angst hinein. Und diese Angst nagt genau an den Ressourcen, die wir dann besonders brauchen – eine ruhige Hand und einen kühlen Kopf. Unser Körper will nämlich lieber mit den Zuhörern kämpfen oder vor ihnen wegrennen. Zu viel Angst hemmt. Unter Stress sind wir nicht in der Lage, das zu leisten, wozu wir normalerweise fähig sind, und versagen ausgerechnet in Leistungssituationen.

Aber warum haben wir solch eine große Angst davor, zu scheitern? Warum ist das Versagen für uns nur so bedrohlich? Was ist so schlimm daran, den beruflichen Aufgaben nicht immer gewachsen zu sein, durch eine Prüfung zu fallen, im Privatleben mal nicht seine Frau oder seinen Mann zu stehen? Keine Frage, ein Misserfolg bringt negative Konsequenzen mit sich. Doch sind die wirklich so verheerend, dass sie eine lähmende Angst rechtfertigen, die dann tatsächlich dazu führen kann, dass wir versagen? Würden wir diese Niederlage nicht überleben? Wäre ein Scheitern wahrhaftig unser Ende? Angst entsteht, wenn wir davon überzeugt sind, einer Bedrohung gegenüberzustehen. Dabei kommt es nicht darauf an, ob wir tatsächlich in Gefahr sind oder nicht. Der Glaube allein genügt. Wir bringen uns häufig selbst aus dem inneren Gleichgewicht, indem wir die Dinge übertrieben bewerten. Anstatt uns an die Tatsachen zu halten, neigen wir oftmals zum Dramatisieren. Wir finden die Dinge »schrecklich«, »grauenhaft«, »unerträglich«, »furchtbar« und »katastrophal«. Starke Worte, die unseren Hang zum Überbewerten offenbaren. Unsere Fantasie malt die schlimmstmöglichen Folgen in den düstersten Farben. Es bleibt in unserer Vorstellung nicht dabei, dass lediglich eine Prüfung verhauen oder eine Präsentation in den Sand gesetzt wurde. Sondern wir sehen bereits im Geiste in die enttäuschten oder hämischen Gesichter der anderen. »Was ist, wenn sie mich für einen Idioten halten?« Oder: »Wenn ich die Prüfung nicht bestehe, werde ich meinen Abschluss bestimmt auch nicht schaffen. Dann werde ich nie in meinem Beruf arbeiten können und meine Eltern werden von mir enttäuscht sein.« Gefühle der eigenen Unzulänglichkeit und Zweifel an der eigenen Kompetenz machen sich breit.

Unser Denken kann unsere Angst steigern oder mindern, kann unseren Stress erhöhen oder reduzieren. Es ist besser, die Ereignisse nicht überzubewerten. Die meisten Dinge sind weder »großartig« noch »grauenhaft«, sondern einfach ganz okay so, wie sie sind. In der Regel können wir ganz gut damit und mit den Folgen leben. Wenn wir dagegen Erfreuliches und Unerfreuliches übertrieben bewerten, pendeln wir von einem Extrem ins nächste. Besser, wir behalten einfach die Tatsachen im Auge und machen uns an die Arbeit. Der Psychoanalytiker Fritz Riemann stellte fest: »Angst tritt immer dort auf, wo wir uns in einer Situation befinden, der wir nicht oder noch nicht gewachsen sind. Jede Entwicklung, jeder Reifungsschritt ist mit Angst verbunden, denn er führt uns in etwas Neues, bisher nicht Gekanntes und Gekonntes, in innere oder äußere Situationen, die wir noch nicht und in denen wir uns noch nicht erlebt haben.«[53] Noch nicht!

Wenn wir uns trauen, angstbesetzten Situationen nicht auszuweichen, werden wir in vielen Fällen erfahren, dass wir sehr gut mit ihnen umgehen können, dass wir diesen Situationen gewachsen sind. Aus jeder Niederlage können wir etwas Wichtiges lernen: über uns selbst. Wir alle machen die Erfahrung des Scheiterns: in der Liebe, bei einer Prüfung oder mit einem Projekt im Beruf. Halten wir uns künftig lieber vor Augen, dass wir im Laufe unseres Lebens bereits einige Niederlagen und Rückschläge erlebt haben – und dass wir sie alle irgendwie gemeistert haben. Jeder Misserfolg birgt die Chance zu lernen in sich. Oder anders ausgedrückt: Wer etwas ändern will, braucht ein Problem. Gehen Sie achtsam mit Ihrer Angst um, denn sie kann Ihnen den Weg weisen. Schauen Sie sich die Gefahr des Versagens von allen Seiten an, nicht nur von der negativen. Entspricht die Stärke der Angst wirklich den Tatsachen? Was kann schon Schlimmes passieren? Schauen Sie den Herausforderungen, die auf Sie warten, ruhig gelassen entgegen. Und erleben Sie, wie Sie den Großteil davon meistern werden.

Ausgebrannt – der erschöpfte Mensch

Der Wecker klingelt. Katrin muss aufstehen, das Frühstück machen, ihre drei Kinder wecken und sie zur Schule fahren. Ihr Mann ist schon auf der Arbeit, er geht früh und kommt spät. Seit zwölf Jahren sind sie verheiratet. Katrin arbeitet in Schichten als Krankenschwester auf der onkologischen Abteilung. Sie sprechen kaum noch miteinander.
Um acht Uhr muss sie auf ihrer Station sein. Seit den Umstrukturierungsmaßnahmen ist es dort hektisch und unorganisiert. Während der Schichten fühlt sie sich unkonzentriert und ist bemüht, keine Fehler zu machen. Auf Bemerkungen ihrer Kollegen reagiert sie schnell gereizt und betroffen. Abends liegt sie im Bett, grübelt und weint. Sie ist jetzt 38 Jahre alt und kann nicht mehr.

Es sind Tausende von Menschen in Deutschland, denen es so ähnlich geht wie Katrin. Menschen, die erschöpft, müde und ausgelaugt sind, die nachts schlecht oder gar nicht schlafen, denen die alltäglichen Aufgaben zur Last geworden sind und denen nichts mehr Freude macht. Sie haben kaum noch die Kraft, sich mit Freunden oder Bekannten zu treffen, geschweige denn, eigenen Wünschen und Bedürfnissen nachzugehen oder irgendwie für ihre Entspannung zu sorgen. Gefangen im Hamsterrad, ohne Chance auszusteigen, schleppen sie sich Tag für Tag, Woche für Woche, Monat für Monat durch ihren Alltag.

Die Arbeitsbedingungen haben sich in den letzten Jahrzehnten deutlich verbessert. Inzwischen sitzen wir auf ergonomisch gestalteten Bürostühlen unter DIN-geprüftem Licht- und Geräuschpegel. Die körperliche Beanspruchung ist geringer geworden, dafür scheinen psychische Erkrankungen zuzunehmen. Stress, Burnout und Depression bestimmen immer wieder die Schlagzeilen. Familie, Arbeit und Freizeit unter einen Hut zu bringen scheint eine der größten individuellen Herausforderungen unserer Zeit zu sein.

Zwischen 2008 und 2011 wurden vom Robert-Koch-Institut im Auftrag des Bundesgesundheitsministeriums Daten von mehr als 8000 Erwachsenen im Alter von 18 bis 79 Jahren aus 180 Studienorten erhoben und ausgewertet.[54] Das Thema psychische Gesundheit wurde in einem Zusatzmodul mittels Fragebögen und computergestützter ärztlicher Interviews bei mehr als 5000 Teilnehmern vertieft. Die Ergebnisse der »Studie zur Gesundheit Erwachsener in Deutschland« (DEGS) sind besorgniserregend: Jeder vierte Teilnehmer gab Schlafstörungen von mindestens dreimal pro Woche an. 8,1 Prozent der Befragten berichteten von Symptomen einer Depression. Unter den 18- bis 29-Jährigen war die Wahrscheinlichkeit mit fast 10 Prozent am höchsten. Je niedriger der sozioökonomische Status, desto höher das Auftreten depressiver Symptome. Zudem gaben 4,2 Prozent der Befragten an, einen Burnout diagnostiziert bekommen zu haben, wobei Frauen mit 5,2 Prozent stärker betroffen waren als Männer mit 3,3 Prozent. Der häufigste Grund für Erwerbsminderungsrenten sind psychische Erkrankungen, wobei depressive Störungen mit 40 Prozent den größten Anteil ausmachen.

Unsere globalisierte Gesellschaft fordert von den Menschen, über ihre Grenzen zu gehen: über geografische, zeitliche und menschliche. Mobilität, Flexibilität und permanente Erreichbarkeit verursachen einen inneren Daueralarm, der langfristig zur Überlastung führt. Herbert J. Freudenberger prägte Anfang der 1970er Jahre den Begriff *Burnout*.[55] Er leitet sich ab vom englischen *to burn out*, was übersetzt »ausbrennen« bedeutet. Der Psychoanalytiker bemerkte, dass ihm seine Arbeit keine Freude mehr bereitete, dass sie ihn ermüdete und erschöpfte. Daraufhin beobachtete er seine Kollegen und später andere Berufsgruppen und fand immer wieder dieselben Symptome: Stimmungsschwankungen, Schlafstörungen, Konzentrationsschwächen, oft in Kombination mit körperlichen Beeinträchtigungen wie etwa Rückenschmerzen. Freudenberger definierte Burnout als »einen Zustand erschöpfter physischer und mentaler Ressourcen«, der in einem ursächlichem Zusammenhang mit dem Arbeitsleben steht. Der amerikanische Psychoanalytiker verstand den Zustand explizit nicht als psychische Erkrankung, sondern als Folge einer Arbeitsüberlastung besonders in Gesundheitsberufen. Auch das DSM-V führt Burnout nicht als psychische Erkrankung in seinem Register (2012). Aktuell diskutieren Psychologen und Psychiater Burnout als eine Form der Depression.

Burnout wird in der Forschung aber nicht nur als Zustandsbeschreibung betrachtet, sondern auch als ein Prozess. Allerdings wurden die bis jetzt vorhandenen Verlaufsbeschreibungen anhand von Fallbeispielen entwickelt und sind erst ansatzweise empirisch überprüft. Trotzdem sind sie von großem Wert, um erkennen zu können, inwiefern man selbst gefährdet sein könnte. Deshalb möchte ich an dieser Stelle kurz das Phasenmodell von Burisch wiedergeben.[56] Er teilt die Burnout-Symptomatik in sieben Phasen ein. Jede Phase kann unterschiedlich lang sein, oft sogar Monate oder Jahre dauern. Die Phasen gehen ineinander über und können nicht klar getrennt werden.

Die »Warnsymptome der Anfangsphase« sind einerseits erhöhter Energieaufwand und andererseits Erschöpfung. Gerade zu Beginn einer Tätigkeit »brennt« man für seine Aufgaben, geht hochmotiviert und idealistisch ans Werk. Viele sind dann freiwillig bereit, unbezahlte Mehrarbeit zu leisten. Nach einer gewissen Dauer fordert das hohe Engagement seinen Tribut. Man ist unausgeschlafen und kann nach der Arbeit schlecht abschalten.

Die zweite Phase ist geprägt von »reduziertem Engagement«. Die eigenen Erwartungen wurden nicht annähernd erfüllt, was mit hoher Frustration und Desillusionierung einhergeht. Umgangssprachlich spricht man hier von innerer Kündigung. Betroffene haben keine Freude mehr an ihrer Arbeit, erledigen nur noch das Nötigste und distanzieren sich von Klienten und Kollegen. Häufig haben sie das Gefühl, ausgenutzt und nicht anerkannt zu werden. Ihr Mitgefühl für andere nimmt ab und die eigenen Ansprüche rücken stärker in den Vordergrund.

In der dritten Phase stehen die emotionalen Reaktionen im Vordergrund: Angst, Depression, Aggression und Schuldzuweisung. In Zeiten des Unglücks suchen Menschen oft einen Schuldigen, um das eigene angeschlagene Selbstwertsystem zu entlasten. Im Kontakt mit ihren Mitmenschen sind die Betroffenen dann launisch, vorwurfsvoll, ungeduldig und gereizt, was zu weiteren Konflikten führt. Der eigene Anteil an den Auseinandersetzungen wird nicht gesehen. Wer sich aber selbst die Schuld an der Misere gibt, reagiert eher depressiv. Diese Betroffenen fühlen sich hilflos, sind ängstlich und nervös. Angesichts der fehlenden Ressourcen, der eigenen Unfähigkeit, etwas an ihrer krisenhaft zugespitzten Situation zu ändern, schwindet ihre Selbstachtung immer mehr.

Im Zentrum der vierten Phase steht der Abbau der kognitiven Leistungsfähigkeit, Motivation und Kreativität. Die permanente Anspannung und die daraus resultierende Erschöpfung führen zu Konzentrations- und Gedächtnisschwächen. Komplexe Aufgaben zu lösen und klare Entscheidungen zu treffen fällt Betroffenen sehr schwer. »Dienst nach Vorschrift« ist das vorherrschende Handlungsmuster.

In der fünften Phase beschreibt Burisch die Verflachung des emotionalen, sozialen und geistigen Lebens. Betroffene ziehen sich emotional zurück bis hin zur Gleichgültigkeit. Sie vernachlässigen ihre Hobbys, ihre Freunde und ihre Familie und werden langsam einsam.

Die sechste Phase kennzeichnen psychosomatische Reaktionen wie Schlafstörungen, Engegefühl in der Brust, Atembeschwerden, erhöhter Blutdruck, Muskelverspannungen, Rücken- und Kopfschmerzen und/oder Verdauungsstörungen. Häufig werden auch mehr Alkohol, Kaffee, Tabak oder andere Drogen konsumiert.

In der letzten Phase dominiert das Gefühl der Verzweiflung. Hilflosigkeit und Ohnmacht gipfeln in einer allgemeinen Hoffnungslosigkeit. Das Leben erscheint sinn- und bedeutungslos. Betroffene tragen sich mit Selbstmordgedanken und -absichten.

Jedes der hier beschriebenen Symptome aus den sieben Phasen zeigt für sich allein genommen eher unspezifische Symptome, aber im Kontext einer belastenden Arbeitssituation kann sich das Auftreten einer Vielzahl dieser Anzeichen zu einen schweren Erschöpfungszustand entwickeln. Katrin versuchte anfangs, die stetig steigenden beruflichen Anforderungen quantitativ zu bewältigen: mehr Aufgaben, mehr

Arbeitseinsatz. Sie hat in der gleichen Zeit noch mehr gearbeitet, noch mehr Überstunden gemacht, war noch weniger zu Hause und hat noch weniger geschlafen. Jeder von uns kennt Zeiten, in denen die Arbeitsaufgaben über das normale Maß hinaus anwachsen. Wenn dann noch das Kind erkrankt und in den Nächten unsere Fürsorge braucht, sind wir schnell an der Grenze der Belastbarkeit. Legt sich die Situation nach begrenzter Zeit und sorgen wir dann für unsere Entspannung, egal ob passiv oder aktiv, sind wir nicht gefährdet zu erkranken. Die Gefahr besteht vor allem dann, wenn wir den Zugang zu unseren Gefühlen verlieren. Wenn wir aufgrund von Verantwortungs- und Pflichtgefühlen nur noch versuchen, allen Anforderungen gerecht zu werden. Wenn wir die Gefühle von Überlastung und die Angst, den Aufgaben aufgrund von mangelnden Fähigkeiten nicht gewachsen zu sein, unterdrücken, uns niemandem anvertrauen und weiterhin versuchen, eine Maske des Funktionierens aufzusetzen, schlittern wir immer weiter in die Überforderung.

Das Thema Burnout hat sehr viel mit Selbstfürsorge und Selbstachtsamkeit zu tun. Nur wenn wir die Signale unseres Körpers, unsere inneren Befindlichkeiten wahrnehmen können, sind wir in der Lage, rechtzeitig für uns zu sorgen und Hilfe zu suchen. Viele Menschen gehen über ihre Grenzen, weil sie diese nicht bemerken oder aber ignorieren. In den ersten Phasen des Burnouts ist es möglich und notwendig, diese krank machende Entwicklung zu stoppen. Das setzt voraus, dass wir uns selbst mit unseren Gefühlen ernst nehmen und uns Menschen suchen, die uns schätzen und uns bei der Suche nach Lösungen und Alternativen unterstützen. Zu schnell fallen wir in krisenhaft zugespitzten Situationen in alte, oft nicht mehr adäquate Denk- und Verhaltensstrukturen zurück, die uns selbst nicht bewusst sind. Das Wissen um die eigenen Bedürfnisse, Ressourcen und Grenzen ist die Voraussetzung für eine bewusste Gestaltung des eigenen Lebens und fördert die Fähigkeit zur gesunden Selbstfürsorge. Unser Gelassensein ist in hohem Maß abhängig vom Bewusstsein über die eigenen Fähigkeiten und Fertigkeiten, von dem selbst gestalteten Wechsel zwischen Anspannung und Entspannung und unserem Aufgehobensein in menschlichen Beziehungen.

Wenn im Büro die Fetzen fliegen

Meine Chefin ist cholerisch. Wie kann ich mich ihr gegenüber behaupten? – Mein Chef kritisiert mich häufig – vor allem vor dem Kollegenkreis. – Mein Kollege ist ein unangenehmer und unsympathischer Zeitgenosse. Wie kann ich mit ihm trotzdem effektiv zusammenarbeiten? – Ich ersticke in Arbeit, während meine Chefin grundsätzlich davon ausgeht, dass ich nicht genug zu tun habe. – Ein Kollege macht ständig anzügliche Bemerkungen. Wie kann ich ihn höflich, aber bestimmt in seine Schranken weisen? – Ich fürchte, meine Kollegen nutzen meine Hilfsbereitschaft aus. Wie kann ich mich besser abgrenzen? – Meine Chefin tyrannisiert das Team mit unklaren und mehrdeutigen Arbeitsanweisungen. Was kann ich dazu beitragen, die Missverständnisse zu reduzieren? – Mein Chef weiß alles besser. Wir sind ausschließlich seine Handlanger.

Überall da, wo sich Menschen begegnen, entstehen Konflikte. Das gilt für den Arbeitsplatz in besonderem Maße, denn hier treffen auf engstem Raum jeden Tag die unterschiedlichsten Persönlichkeiten aufeinander. Viele verbringen mehr

Zeit im Büro als zu Hause, sprechen mehr mit ihren Kollegen als mit ihrer Familie und kennen die Belegschaft besser als ihre Nachbarn. Vorgesetzte und Kollegen verfügen über die Macht, einem die Freude an der Arbeit gründlich zu vermiesen. Es gibt unendlich viele Gründe, warum Kollegen im Büro aneinandergeraten können, wie zum Beispiel Stress und Zeitdruck, Informationsdefizite, mangelnde Anerkennung, fehlende Kooperation, Führungsmangel, unklare Aufgabenstellungen und Arbeitsanweisungen. Hinzu kommen jeweils unterschiedliche Auffassungen über Arbeitsweise und -qualität, über allgemeine Werte wie Pünktlichkeit oder Freundlichkeit oder über arbeitsbezogene Erwartungen und Ziele.

Meinungsverschiedenheiten gehören zum Arbeitsalltag dazu und lassen sich nicht vermeiden. Auseinandersetzungen unter Kollegen sind notwendig, um Probleme zu analysieren, sie von unterschiedlichen Standpunkten zu betrachten und die beste Lösung zu finden. Die Frage ist nur, *wie* sie geführt werden. Schlechte Stimmung zwischen Mitarbeitern führt zu reduzierter Arbeitsmotivation und lässt gleichzeitig die Fehlerrate, Fluktuation und Fehlzeiten steigen. Die besondere Schwierigkeit bei Konflikten im Büro, aber auch eine Chance zur Klärung besteht darin, dass sich die Streitenden nicht langfristig aus dem Weg gehen können.

Wie oft ärgern wir uns über andere, sind von ihnen enttäuscht und genervt, wenn sie nicht so reagieren, wie wir es erwarten. Wir wünschten, sie wären anders, als sie sind. Aber eine grundlegende Tatsache ist, dass wir unsere Vorgesetzten und Kollegen nicht ändern können und auch nicht die Kontrolle über ihre Handlungsweisen haben. Wir können nicht beeinflussen, wie der Wind weht. Aber wir können unsere eigenen Handlungen bestimmen und die Segel anders setzen. Wir sind der Kapitän. Wir haben es in der Hand, wie wir auf

Meinungen und Handlungen anderer reagieren. Unser Denken, Fühlen und Handeln liegen in unserer eigenen Verantwortung.

Fast alle Modelle der Konfliktlösung ähneln sich in ihren Annahmen und ihrem Verlauf. Als Orientierung dient im Folgenden das 6-Phasen-Modell der kooperativen Konfliktbewältigung des Psychologen und Theologen Karl Berkel.[57] Die Chance auf eine sachliche Klärung des Konflikts liegt darin, dass wir im ersten Schritt unsere Emotionen kontrollieren. Wenn wir versuchen, die Situation zu klären, obwohl wir innerlich aufgewühlt sind, werden wir nicht ausreichend sachlich reagieren können und den Konflikt verschärfen. Meistens reicht es schon, eine Nacht darüber zu schlafen, um inneren Abstand zu gewinnen. In der zweiten Phase geht es vor allem darum, unsere eigene Wahrnehmung zu prüfen und zu hinterfragen. Dass wir einen anderen Menschen ablehnen, liegt zum Teil auch immer in unserer eigenen Sichtweise und vor allem in unseren Bewertungen begründet. Die menschliche Wahrnehmung ist kein Spiegel, der die Welt eins zu eins abbildet. Sie ist eher mit einer Lupe, die bestimmte Aspekte vergrößert und andere ausblendet, vergleichbar. Wir müssen uns ansehen, was uns so sehr am anderen stört und verärgert. Die alte Volksweisheit »Zu einem Streit gehören immer zwei« hat ihre Gültigkeit nicht verloren. Wo liegt mein Anteil, meine Verantwortung an dem Streit? Warum konnte ich nicht gelassen reagieren? Warum kränkt und verletzt mich die Meinung oder Verhaltensweise des anderen?

Auch das Phänomen der selbsterfüllenden Prophezeiung kann gerade in strittigen Situationen seine Wirkung entfalten: Wenn ich meinen Gegenspieler abwertend behandle und ihn ignoriere, wird er auch mir so begegnen. Besser ist es, zu versuchen, Feindbilder ab- und Vertrauen aufzubauen, denn die selbsterfüllende Prophezeiung wird auch in entgegengesetzter Richtung wirksam: Wenn Sie Ihr Gegenüber mit Respekt behandeln, ihm aufgeschlossen und freundlich begegnen, wird der Ärger zwischen Ihnen weichen. Verhalten Sie sich genau so, wie Sie es sich von ihm wünschen: fair, offen, ohne Hintergedanken. Probieren Sie es eine Weile aus, und Sie werden sehen, es funktioniert.

Der dritte Schritt besteht nach Berkel in der offenen Kommunikation. Höflichkeit, Respekt und ehrliche Wertschätzung für den anderen erleichtern die Konfliktklärung enorm. Gerade im Streit unterstellen wir dem anderen schnell unlautere Absichten. Aber meistens hat er ebenfalls nachvollziehbare Beweggründe für sein Verhalten. Wenn wir herausbekommen, warum der andere so reagiert, was ihn zu seinen Äußerungen und Handlungen treibt, können wir besser unseren Standpunkt und unsere Herangehensweise anbieten und die verschiedenen Varianten sachlich mit ihm diskutieren. Die Situation stellt sich viel entspannter dar, wenn man sich darüber bewusst wird, dass auch das Gegenüber ohne böse Absicht handelt. Um den Konflikt nicht noch anzuheizen, sollte auf die Wortwahl besonderes Augenmerk gelegt werden. Versuchen Sie, sich im Vorfeld in Ihren Gesprächspartner hineinzuversetzen und Verständnis für sein Verhalten zu entwickeln. Anstatt Ihr Gegenüber mit Vorwürfen, Interpretationen und Deutungen zu konfrontieren, können Sie Ihr Anliegen in Form von Ich-Botschaften vermitteln. Versuchen Sie zu erklären, welche Verhaltensweise Sie als störend empfinden und welche Gedanken und Gefühle sie bei Ihnen auslöst. Auch wichtig für das Gelingen des Gesprächs sind die Rahmenbedingungen. Sprechen Sie Ihre Kollegin/Ihren Kollegen nicht zwischen Tür und Angel an, sondern versuchen Sie, eine günstige Situation zu finden. Zudem sollten

Sie klären, ob alle Beteiligten auch gemeinsam an einer Konfliktlösung arbeiten wollen. Ist dies nicht gegeben, können Sie sich die nächsten drei Phasen sparen.

Sind sich alle Beteiligten einig, können sie im vierten Schritt nacheinander ihre jeweilige Sicht der Dinge schildern. Aber Vorsicht: Der Blick in die Vergangenheit kann häufig in der Suche nach einem Schuldigen enden. Daher sollte der Schwerpunkt auf der zukünftigen Gestaltung der Zusammenarbeit liegen. Wenn man sich im Wald verirrt hat, ist die Suche nach einem Ausweg wichtiger als eine mögliche Erklärung für das Verlaufen. Hören Sie Ihrem Gegenüber genau zu und unterbrechen Sie es möglichst nicht. Erklären Sie dann Ihre Sicht der Dinge, ohne seine dabei abzuwerten. Wer in einen Streit verwickelt ist, sollte sich immer wieder verdeutlichen, dass keine der Konfliktparteien auf dieselben Umstände reagiert, keine dieselben Erklärungen konstruiert und keine sie gleich beurteilt. Eine objektive Wahrheit gibt es nicht. Das bedeutet auch, dass die Suche nach einer Lösung leichter fällt, wenn sie beide Seiten berücksichtigt. Im fünften Schritt geht es dann um das Treffen einer klaren und eindeutigen Vereinbarung über die zukünftige Gestaltung. Die letzte Phase schließlich bezeichnet die persönliche Verarbeitung des Konflikts aller Beteiligten.

Grundlegend sollte man sich bei Streitigkeiten immer fragen: Habe ich einen Konflikt – oder hat der Konflikt mich? Will ich mich überhaupt auf eine Auseinandersetzung einlassen oder nicht? Ist mir das Thema wichtig genug? Worum geht es mir eigentlich? Hilfreich, um diese Frage für sich zu beantworten, ist, sich vorzustellen, welche Bedeutung der Konflikt zehn Jahre später noch hätte. Wir sind uns meist nicht darüber bewusst, dass wir die Option haben, zwischen unterschiedlichen Erklärungen und Bewertungen zu wählen, ja, dass wir sogar unsere Wahrnehmungen nicht als gegeben hinnehmen müssten, sondern dass wir eigentlich auch hier die Wahl haben, die Welt anders zu sehen. Wenn wir uns dieser Freiheit bewusst werden, können wir auch entspannter und gelassener mit Missverständnissen und Konflikten im Büro umgehen.

Familie & Erziehung

Von der Erziehung zur Beziehung

Ein Paar will gemeinsam ausgehen. Die Frau sagt: »Zieh dir bitte noch eine Jacke an. Es ist kalt.« Der Mann schnappt sich sein Handy und öffnet die Haustür: »Mir ist nicht kalt.« Sie sagt: »Zieh dir deine Jacke an oder willst du krank werden? Draußen ist es kalt.« – »Ich brauche keine Jacke«, sagt der Mann und betritt den Hausflur. Die Frau entgegnet ihm mit energischer Stimme: »Peter, du ziehst dir jetzt sofort die Jacke an oder wir bleiben zu Hause.« Immer muss ich ihm alles zweimal sagen, denkt sie sich, lernt der das denn nie?

Wenn ein Paar so miteinander umgeht, werden sie entweder vor dem Scheidungsrichter landen oder die Beziehung zueinander verlieren. Keiner möchte, dass mit ihm so geringschätzig gesprochen wird, aber mit Kindern sind solche Dialoge durchaus üblich und werden kaum infrage gestellt. Die Kommunikation im Beispiel zeugt von geringem Respekt und Einfühlungsvermögen. Die Frau greift in die Selbstbestimmung des Mannes ein und beschränkt massiv seine Entscheidungs- und Handlungsfreiheit. Im realen Leben werden wir eine solche Situation in dieser extremen Form unter Partnern eher nicht vorfinden. Ersetzen wir den Erwachsenen durch ein Kind, werden wir den Dialog jedoch nicht sonderlich ungewöhnlich finden.

Und natürlich haben wir dafür einen guten Grund: Erziehung. Ein Kind soll auf seine Eltern hören, weil es in vielen

Situationen aufgrund seines Reifegrades noch nicht die richtige Entscheidung treffen kann. Es soll sich seine Jacke anziehen, damit es sich nicht erkältet und begreift, dass man sich vor Kälte schützen muss. Nur so kann es später selbst für sich sorgen. Wir wollen, dass unsere Kinder etwas lernen, damit sie bestmöglich auf die Welt und das Leben in ihr vorbereitet sind.

Kinder lernen am besten über Vorbilder. Sie imitieren deren Verhaltensweisen und Handlungsabläufe. Verhaltensformen, die bei anderen gesehen werden, werden in das eigene Verhalten übernommen. Der Lernende ist der Beobachter, die beobachtete Person das Modell. Eine wichtige Voraussetzung für das sogenannte Modelllernen liegt in der Attraktivität. Diese umfasst den Erfolg des Verhaltens, die Beziehung zum Modell und dessen Ansehen. Je besser sich das Kind mit dem Modell identifizieren kann, desto stärker wird es dessen Verhaltensweisen imitieren. Und die höchste Attraktivität besitzen bis zu einem bestimmten Alter in der Regel wir Eltern. Wenn wir selbst keine Ordnung halten, können wir unserem Kind noch so oft den Sinn von Ordnung erklären. Diese Anstrengungen werden keinen Erfolg haben. Wir brauchen unserem Kind keine Vorträge darüber zu halten, dass es jedem die Hand geben oder immer freundlich »Guten Morgen« sagen soll. Wenn wir das von uns gewünschte Verhalten selbst zeigen, wird unser Kind diese Verhaltensweisen von allein übernehmen, wenn es dafür bereit ist. Wir brauchen unsere Kinder eigentlich nicht zu erziehen, denn sie ahmen sowieso alles nach, was wir ihnen vorleben. Wenn beispielsweise ein Vater seinen fünfjährigen Sohn im Sandkasten anschreit: »Erik, wenn du noch mal den Jungen mit deiner Schaufel haust, kriegst du von mir eine runter!«, wird der Junge in dieser Situation nicht die verbale Botschaft seines Vaters erlernen, sondern dessen Handlungsweise. Hier lernt er, dass die Androhung von Gewalt eine mögliche Handlungsalternative ist, mit der er seine Ziele erreichen kann. Wir können auf Reden und Monologe zum Zwecke der Erziehung verzichten. Wenn wir gelassener mit unseren Kindern umgehen, lernen sie ebenfalls Gelassenheit. Wir brauchen unseren Kindern nicht erklären, was uns wichtig ist, sondern wir sollten es ihnen zeigen.

Wenn wir einen Keim in die Erde pflanzen, wissen wir nicht, wie sich die Pflanze entwickelt, ob sie groß und stark oder breit und gefächert wird oder eher klein bleibt. Wir können nur für optimale Entwicklungsbedingungen sorgen, indem wir der sich entwickelnden Pflanze ausreichend Nahrung und Wasser zur Verfügung stellen und ihr einen geeigneten Standort geben. Wenn sie schief wächst, können wir den Topf drehen oder eine Stütze anbieten. Haben wir aber feste Vorstellungen von Aussehen und Funktion der Pflanze, werden wir sie in ihrem Wachstum beschneiden oder mit einem Drahtgeflecht in die gewünschte Form biegen. Wenn beispielsweise ein Handwerksmeister früher seinen Betrieb aus wirtschaftlichen und sozialen Gründen an seinen Sohn weitergeben wollte, war es ihm sehr wichtig, dass der Sohn bestimmte Fähigkeiten und Fertigkeiten entwickelt, um der Aufgabe gewachsen zu sein. Heute stellen Eltern ihren Kindern die verschiedensten Entwicklungsmöglichkeiten zur Verfügung. Unsere Kleinen spielen in Fußballvereinen, gehen zum Schwimmtraining, lernen Instrumente zu spielen oder tanzen. Wenn wir uns als Eltern von Vorstellungen und Erwartungen frei machen und unseren Kindern Entwicklungsmöglichkeiten anbieten, sie ohne Leistungsdruck unterstützen, können wir gelassen darauf vertrauen, dass sie die Eigenschaften und Talente entwickeln, die ihnen später als Voraussetzungen für ihren beruflichen Weg dienen. Auch wenn wir uns nicht vorstellen können, wie und in welchem Beruf diese Fähigkeiten ein autonomes Leben sichern können, sollten wir einen Teil der elterlichen Verantwortung abgeben und der Entwicklung unserer Kinder vertrauen. Unsere Kinder gewinnen mehr Zufriedenheit und Selbstbewusstsein und wir mehr Gelassenheit.

Wollen wir unseren Kindern etwas Bestimmtes beibringen, brauchen wir ihre Aufmerksamkeit. Die bekommen wir am ehesten, indem wir ihre Begeisterungsfähigkeit nutzen. Denn positive Emotionen sorgen für Kaskaden neuronaler Prozesse, die die Stärkung bestehender und die Bildung neuer Nervenverbindungen fördern. Wenn wir sehen, dass unsere Kinder Spaß daran haben, die Abwehr- und Angriffspunkte von Star-Wars-Kärtchen oder Fußball-Sammelkarten zusammenzuzählen, sollten wir noch einmal darüber nachdenken, ob wir dieses Spielzeug als pädagogisch wertlos abstempeln und ihnen stattdessen die Mathematik-Übungshefte der Landesschulbehörde aufdrängen. Wir Eltern können uns entspannen: Kinder lernen die ganze Zeit, ob mit pädagogisch wertvollen Spielmaterialien oder ohne. Es ist nebensächlich, ob Eltern das »beste« Spielzeug bereitstellen, viel wichtiger ist, dass sie sich für das Spiel ihrer Kinder interessieren.

Was interessiert Sie und was könnte auch Ihr Kind interessieren? Hier lassen sich bestimmt Schnittstellen finden, ohne dass einer dem anderen Interesse vorheucheln muss. Das entspannt die Interaktion und lässt alle Beteiligten freier und gelassener agieren. Statt zu fragen: »Was ist für mein Kind richtig?«, könnten Eltern sich öfter fragen: »Was ist richtig für mich? Und was bedeutet das für mein Kind?« Das wirkt sich auch positiv auf die Kommunikation zwischen Eltern und

Kindern aus. Während die Formulierung »Du sollst deine Schulsachen wegpacken« in einer Du-Botschaft eine allgemeine (Erziehungs-)Regel ins Zentrum stellt und dadurch eher Distanz schafft, ist die Aussage »Mir gefällt es nicht, wenn deine Schulsachen im Flur herumliegen. Ich möchte, dass du sie in dein Zimmer packst« eine authentische Ich-Botschaft, die Kontakt zum Kind herstellt. Trotzdem vermittelt auch diese Botschaft eher das Bedürfnis der Eltern und nicht unbedingt das Bedürfnis des Kindes. Wir können die Erziehung natürlich nicht vollends in Kinderhände legen, aber wir können dafür sorgen, dass sie nicht allzu schwer daran tragen.

Mama, Papa, kuckt doch mal!

»Kuck mal, Mami ... Kuck doch mal, Mama. Kuck mal, was ich kann. Kuck mal, Mama! Mama, kuck doch mal! MAMA! MAAAMAAA!!!«

»Schau mal, Papa, was ich gemalt habe. Papa? Siehst du? Papa! Kuck mal, was ich hier gemacht habe. Papa! Papa! Jetzt kuck doch mal! PAPA! PAAAPAAA!!!«

Diesen Ruf kennt wohl jede Mutter und jeder Vater. Mal interessiert, mal begeistert, mal stolz und auch mal genervt, bestätigen wir unsere Kinder in ihrem bunten Treiben. Der Umgang mit unseren Kindern hat sich in den letzten Jahrzehnten gewaltig verändert. Wer den Film *Das weiße Band* gesehen hat, erinnert sich bestimmt noch an die Szenen, in denen die Kinder geschniegelt und gestriegelt ihre Eltern siezen und ihnen mit Knicks oder Verbeugung »Gute Nacht« wünschen. Heute gehen wir kindgerechter mit unseren Kleinen um. Zum Beispiel dürfen wir sie beim Eintritt in die Kindereinrichtung tagelang begleiten oder bekommen im Krankenhaus ein Bett zur Verfügung gestellt, um unserem Kind in der schwierigen Zeit einer Erkrankung beistehen zu können. Und dennoch leben alte Erziehungsmaßstäbe in uns weiter und werden im Umgang mit unseren Kindern wirksam.

Die meisten von uns gehen in der Regel geduldig, fürsorglich und liebevoll mit ihren Kindern um. Aber es gibt auch Ausnahmesituationen: Kommen wir erschöpft von der Arbeit nach Hause, wollen wir manchmal viel lieber im Sofa versinken, die Füße hochlegen und einen Kaffee trinken, anstatt mit unserem Sohn Fangen zu spielen. Wenn uns tausend Dinge im Kopf herumschwirren, möchten wir vielleicht lieber mit einer Freundin telefonieren, anstatt *Mensch ärgere Dich nicht* oder *Monopoly* zu spielen. Zum Wohle unserer Kinder zwingen wir uns, ihren Wünschen nachzukommen. Aber wenn wir gestresst oder genervt sind, haben wir oft gar nicht genug Ressourcen, um uns auf eine echte Interaktion mit unserem Kind einzulassen.

Versuchen wir, unangenehme Gefühle wie Ärger oder Wut zu unterdrücken, senden wir widersprüchliche Botschaften. Kinder haben sensible Antennen, sie merken, dass wir innerlich vor Wut schnauben, wenn wir gleichzeitig beteuern: »Nein, es macht mir nichts aus«, oder genervt nur kurz einen Blick auf das stolz präsentiert gemalte Bild werfen: »Hast du toll gemacht.« Das Kind spürt die unterschwellige Emotion, die im Widerspruch zur verbalen Botschaft steht, und reagiert seinerseits ungehalten über die halbherzige Aufmerksamkeit von Mama oder Papa. Unsere mühsam aufgesetzte Miene der Freundlichkeit zerbricht und wir sind im weiteren Geschehen häufig ungeduldig, übellaunig und wenig verständnisvoll. Von solchen Situationen hat keiner etwas. Ein ewig lächelndes und freundliches Gesicht zu machen und aufrechtzuerhalten ist unnatürlich und deshalb sehr anstrengend. Reagiert das Kind auf dieses mühsam nette Entgegenkommen unerwartet abweisend, kann die Stimmung kippen. Die enttäuschten Eltern greifen auf alte autoritäre Erziehungsformen zurück, die sie eigentlich ablehnen.

Natürlich möchten Eltern ihrem Sprössling eine schöne, unbeschwerte Kindheit ermöglichen. Es soll möglichst ohne Schmerz, Frustration, Verzweiflung und Streit aufwachsen. Das bedeutet aber im Umkehrschluss für das Kind, dass die großen wichtigen negativen Gefühle wie beispielsweise Trauer und Wut keinen Raum haben. Und, dass dem Kind die Möglichkeit genommen wird, zu erproben, wie es mit Konflikten umgehen kann. Es ist wichtig, dass wir unseren Kindern nicht jeden Wunsch von den Augen ablesen und ihn wie eine gute Fee durch einen Wink des Zauberstabs umgehend erfüllen. Kinder müssen Enttäuschung, Frustration und Schmerz erleben können – immer in der Gewissheit, dass ihre Gefühle ernst genommen werden. Erfüllen wir unserem Kind jeden Wunsch und gehen dabei über eigene Grenzen, kann es nicht lernen, sich auf andere und auf deren Bedürfnisse einzustellen. Es geht jedoch nicht darum, Kindern unpersönliche allgemeine Grenzen zu setzen, die im nächstbesten Ratgeber empfohlen werden. Eltern sollten darüber nachdenken und für sich spüren, wo genau eigentlich ihre Grenzen liegen. Dadurch setzen wir als Vorbild gesunde Signale. Unsere Kinder können lernen, wirksam im eigenen Interesse zu handeln, wenn wir es ihnen vorleben. Eltern müssen ihre eigenen Gefühle, Bedürfnisse und Grenzen kennen, um mit ihrem Kind eine liebevolle und stabile Beziehung aufbauen zu können. Nur mit authentischen Eltern kann sich ein Kind auseinandersetzen und bekommt echtes Feedback, das es für seine Entwicklung braucht. So beschränken wir nicht die Kinder auf der Basis allgemeiner Erziehungsregeln, sondern zeigen unsere eigenen Grenzen und lassen dem Kind damit automatisch Handlungsspielräume, um mit der Situation umzugehen. Und wir können es dabei unterstützen, einen guten Umgang für sich zu finden, indem wir ihm bei Bedarf verschiedene Handlungsmöglichkeiten aufzeigen. Kinder brauchen Eltern, die ihre Grenzen in ihrem eigenen Interesse setzen, ohne damit die liebevolle Beziehung zwischen ihnen und ihren Kindern infrage zu stellen.

Natürlich haben wir nicht jede Minute Zeit und Nerven, uns unseren Kindern zu widmen. Und trotzdem ist es oft so, dass Ignorieren oder sogar Abwimmeln am Ende mehr Energie kostet, als kurz unsere momentane Tätigkeit zu unterbrechen und uns ganz unseren Kindern zuzuwenden. Außerdem verliert das Wort »Nein« an Bedeutung, je häufiger wir es gegenüber Kindern benutzen. Daher sagen Sie nicht automatisch »Nein«, wenn Ihr Kind etwas von Ihrer Zeit will, sagen Sie bewusst »Ja« – auch wenn Sie die Unterbrechung in dem Augenblick als Störung empfinden. Wir werden alle noch reichlich Zeit haben zum Arbeiten oder Lesen, wenn die Kinder älter sind und das Interesse an ihren Eltern verlieren. Erfreuen Sie sich an Ihren Kindern, solange es geht. Sie werden so schnell groß.

Die besten Eltern der Welt

Eliza (36) arbeitet halbtags als Bürokraft in einer Anwaltskanzlei. Sie kümmert sich liebevoll und fürsorglich um ihre Tochter Hanna (3) und ihren Sohn Moritz (7). Sie hält das Eigenheim tadellos sauber, der Garten ist vorbildlich gepflegt, der Müll wird immer getrennt. Sie achtet auf ausgewogene Ernährung, Gemüse und Obst kommen stets frisch auf den Tisch. Die Kleidung der Kinder ist schadstofffrei und mit parfumfreiem Waschmittel gewaschen. Mit unerschöpflicher Geduld spielt sie mit Hanna im Buddelkasten und bestaunt Moritz' Kampfkünste. Am Dienstag singt sie mit ihrer Tochter im Musikkreis und am Mittwoch begleitet sie ihren Sohn zum Fußballtraining. Sie hat tausend Ideen, um Hanna und Moritz an den freien Nachmittagen und am Wochenende die Langeweile zu vertreiben. Gleich beginnt die Elternversammlung im Kindergarten. Eliza schließt sich im Bad ein und weint. Sie kann nicht mehr.

Wir alle wollen das Beste für unsere Kinder. Wir alle wollen gute Eltern sein, oder, wenn's geht: die besten Eltern der Welt. Aber viele von uns werden von Selbstzweifeln geplagt. Sind wir überhaupt gute Eltern? Und was sind eigentlich gute Eltern? In Wohnzimmern und auf Kinderspielplätzen fehlt es an Orientierung. Immer mehr Eltern klagen über Gefühle der Hilflosigkeit und Überforderung, wenn es um die Erziehung ihrer Kinder geht. Einige Eltern leiden unter Schuldgefühlen: Kümmern wir uns zu viel oder zu wenig um unser Kind? Setzen wir es zu stark unter Druck oder haben wir die Dinge zu lange schleifen lassen? Auch das schlechte Gewissen plagt viele Mütter und Väter. Und so ist kaum mehr etwas übrig von der Gelassenheit, die man von lebenserfahrenen Menschen erwarten könnte. Eine Flut von Erziehungsratgebern ist Ausdruck der großen Verunsicherung, die sich unter den Eltern breitgemacht hat.

Die stark autoritär geprägte Erziehung der 1950er und 60er Jahre brachte den Kindern Gehorsam durch Züchtigung bei. In den 70er Jahren wandelte sich die durch Herrschaft geprägte Erziehung in einen gleichberechtigten Umgang mit dem Kind: meine Tochter als Freundin. Die antiautoritäre Erziehung trat ihren Siegeszug an und ersetzte Schläge und Hausarrest durch demokratische Diskussionen. Heute versuchen viele Eltern, den Balanceakt zwischen Freiheiten-Lassen und Grenzen-Setzen zu meistern. Die nächste Generation soll selbstbewusst und mit Durchsetzungsvermögen ihre persönlichen Fähigkeiten entwickeln können. Konservative Werte wie Fleiß, Ordnung und Bescheidenheit treten stärker in den Hintergrund. Mit den Zielen ändern sich auch die Methoden. Die autoritäre weicht der autoritativen Erziehung.

Das bedeutet für Eltern heute, dass sie die Betreuung ihrer Kinder, wenn möglich, selbst übernehmen, damit sie die Kontrolle über eine angemessene Behandlung ihrer Kinder behalten. Die Anforderungen an eine gute Betreuung sind gestiegen. Es reicht nicht mehr aus, zu gewährleisten, dass die Kinder verpflegt und versorgt werden. Der Anspruch ist, Kinder altersgerecht an jedem Tag ihres jungen Lebens in ihren Talenten optimal zu fördern und zu fordern. In jeder Minute das Richtige zu tun ist außerordentlich schwierig, besonders wenn man bedenkt, dass jeder Erziehungsratgeber andere Schwerpunkte setzt. Auf der einen Seite wird den Eltern empfohlen, verstärkt Grenzen zu setzen, damit keine kleinen Tyrannen heranwachsen, auf der anderen Seite sollen sie ihren Kindern größtmöglichen Freiraum lassen, damit sie sich früh zu selbstständigen Persönlichkeiten entwickeln.

Zur richtigen Erziehung gehört aber nicht nur eine angemessene Interaktion und Kommunikation mit den Kindern. Wichtig ist natürlich auch ein kindgerechtes Umfeld: ein gepflegtes Haus samt großflächigem Garten mit vielfältigen Spielmöglichkeiten, ein Kinderzimmer mit pädagogisch wertvollem Spielzeug, ein gutes soziales Netzwerk mit wohlerzogenen und liebenswürdigen Spielkameraden sowie großzügigen Tanten und Onkeln, Omas und Opas, eine ausgewogene Ernährung, ein gut strukturierter Tagesplan, ein perfekter Kindergarten oder die perfekte Schule mit liebevoll unterstützenden und fördernden Erzieherinnen und Erziehern sowie Lehrerinnen und Lehrern.

Perfekte Eltern wollen keine Fehler machen. Eine gute Mutter, wie Eliza sie versteht, opfert sich für ihre Familie auf. Sie ist geleitet von festen Vorstellungen, Perfektionsansprüchen und hohen Leistungserwartungen. Sie versucht, allen Ansprüchen und Anforderungen hundertprozentig gerecht zu werden – immer nett und freundlich und dabei den Eindruck vermittelnd, es gehe alles spielend leicht von der Hand. Das sind Lasten, die eine einzelne Mutter nicht tragen kann. Denn hinter jeder Mutter und hinter jedem Vater steckt ein ganz gewöhnlicher Mensch, mit Ecken und Kanten, mit Stärken und Schwächen. Vielleicht wollte Eliza den Perfektionismus aus dem Bad aussperren.

Das Bemühen um Perfektionismus ist anstrengend, sehr anstrengend. Warum machen wir es uns so schwer? Warum sind wir mit dem, was wir sind und was wir tun, nicht zufrieden? Wo kommt der Wunsch nach Perfektion eigentlich her? Woher das Gefühl der eigenen Unvollkommenheit?

Und ist es wirklich das Beste für Kinder, perfekte Eltern zu haben? Welches Kind will schon perfekte Eltern? Wenn immer klar ist, dass einer alles richtig macht, wird aus dem anderen zwangsläufig ein Verlierer. Eine perfekte Mutter, wie Eliza eine sein will, schränkt die Entwicklungsmöglichkeiten ihrer Kinder ein. Eine riesige perfekte Eiche spendet zu wenig Licht, als dass damit unter ihr zwei andere Bäume wachsen könnten.

Ist nicht eine gute Mutter vor allem eine zufriedene Mutter? Zufrieden wird man nicht, indem man den Erwartungen anderer entspricht. Ständig begegnen wir im Alltag Ansprüchen und Idealen, wie man zu sein hat als Frau und Mutter. Es ist jedoch nicht wichtig, was andere für richtig und falsch halten. Es ist wichtig, was für Kriterien und Bedürfnisse *wir* haben. Hören wir damit auf, nach dem Besten zu streben, und schauen wir, was für uns gut (genug) ist. Verabschieden wir uns von starren Prinzipien, hohen Ansprüchen und einer vorbildlichen Lebensführung.

Was würde passieren, wenn Eliza mal den Müll nicht trennte, oder den Abwasch stehen ließe? Wahrscheinlich nichts. Vermutlich würden Hanna und Moritz die Veränderung nicht einmal bemerken. Und die Nachbarn sowieso nicht. Es kann eine hilfreiche Erfahrung sein, zu prüfen, ob unsere Sorgen und Ängste der Realität angemessen sind. Auch eine kleine Maus kann vor einem Kerzenlicht einen großen Schatten werfen, der die Gestalt eines Elefanten hat.

Eliza ist davon überzeugt, dass ihre Vorstellung von einer guten Mutter richtig ist. Wir alle haben unsere Vorstellung von den Dingen, was richtig und wichtig ist. Aber wir nehmen unsere Welt nicht objektiv war. Und auch unsere Vorstellungen und Bewertungen sind hochgradig subjektiv. Wer entscheidet darüber, ob etwas perfekt ist? Die anderen? Oder etwa Eliza selbst? Es darf bezweifelt werden, ob sie ihr Handeln tatsächlich einmal als vollkommen und perfekt bewerten würde – ohne Verbesserungsoptionen. Da Eliza den hohen Anforderungen ihres Mutterideals nicht mehr gerecht werden kann, schlussfolgert sie, dass der Fehler bei ihr liegt. Dabei könnte man den Zusammenhang auch genau umgekehrt betrachten: Unter der Annahme, dass Eliza genau richtig ist, so wie sie ist, müssen es die Anforderungen sein, die nicht richtig sind und überdacht werden müssen.

Wer perfekt sein möchte, ist sehr streng mit sich. Kein Fehler wird verziehen. Die Seele baumeln zu lassen ist nicht erlaubt. Nichts ist gut genug, alles muss besser werden. Dabei wissen wir, dass ein Ideal ein Ideal ist, weil es unerreichbar ist. Wo soll Perfektionismus eigentlich hinführen?

Wir können uns alle entspannen. Niemand will einen perfekten Partner. Kein Kind möchte perfekte Eltern. Kinder wollen authentische Eltern, die auch mal verärgert oder ungehalten sind. Eltern, die auch Fehler haben und machen und diese zugeben können. Eltern, die ihre Kinder unaufgeregt und unangestrengt auf ihrem Weg begleiten und ihre Lebenserfahrung mit ihnen teilen. Wir müssen keine perfekten Eltern sein. Und wir müssen keine perfekten Kinder haben. Gut ist gut genug. Perfektionismus ist der Feind alles Guten.

Vom Fördern und Fordern zu Überförderung und Überforderung

Krabbelgruppen, Gebärdensprache für Einjährige, Kinderturnen, Englisch-Baby-Klassen, Musik-, Reit-, Tanzkurse, Schwimm-, Tennis- und Fußballtraining, Yoga und autogenes Training für Kinder, Basteln, Handwerken und Fahrradfahren. Diese vielfältigen Angebote für Kinder stehen gleichberechtigt nebeneinander: Ein Schwimmkurs ist wichtig, denn kein Kind soll ertrinken, der Musikunterricht ist wichtig für die Gehirnentwicklung, Sport ist wichtig für die motorische Entwicklung, Malkurse sind auch wichtig für die feinmotorischen Fähigkeiten und natürlich sind auch Sprachkurse wichtig, um die sprachliche Entwicklung in unserer globalisierten Zeit zu fördern. Alles ist wichtig.

Das Angebot, um Kinder optimal zu fördern, ist riesig. Unsere Kinder wurden zu keiner Zeit so stark gefördert wie heutzutage. Immer früher, immer mehr, immer besser. Kinder haben dadurch den gleichen vollen Terminkalender wie ihre Eltern. Jedes dritte Schulkind leidet unter Stress. Schätzungen zufolge haben drei bis zehn Prozent depressive Symptome.[58] Diese Anzeichen zeigen, dass einige Kinder die Förderung als Überforderung empfinden, der sie nicht gewachsen sind. Doch auch bei möglichen Verhaltensauffälligkeiten können Eltern auf ein weitreichendes Therapieangebot zurückgreifen: Logopädie, Physio- und Ergotherapie, LHS-Training, Dyskalkulie-Therapie, Anti-Aggressions-Training, BrainGym und Spieltherapie. Und damit unser Kind im Bildungswettbewerb nicht zu den Verlierern zählt, nutzen wir bei jeder kleinsten Normabweichung diverse Therapieangebote, wenn möglich auch parallel. Kinder, in die viel Zeit und Engagement investiert wird, geraten auch häufiger unter starken Erwartungsdruck. Je mehr Input, desto mehr Output – das ist die These, der viele Eltern folgen. Geben wir unserem Kind immer mehr zu essen, wird es aber nicht größer. Es wird nur dick. Viel hilft nicht immer viel.

Was Kindern heute fehlt, ist nicht das reichhaltige Angebot an Förderungsmaßnahmen, sondern sind echte Beziehungen mit authentischen Bezugspersonen. Die Masse von Erziehungsratgebern sowie soziale Vergleiche mit anderen Eltern und Kindern verunsichern Mütter und Väter. Auf Kinderspielplätzen vergleichen die Eltern, was ihre Kinder schon können oder eben noch nicht beherrschen – und denken sorgenvoll daran, was sie alles noch lernen müssen. Wir befürchten, dass unsere Kinder nichts lernen, wenn wir sie nicht fördern. Doch ist es nicht vielmehr so, dass Kinder sowieso die ganze Zeit über lernen und davon abgesehen man schließlich auch nicht den ganzen Tag lang lernen muss? Übertragen wir nicht unser eigenes Leistungsstreben, unsere eigene Atemlosigkeit, unseren eigenen Perfektionismus auf unsere Kinder? Gut wäre demnach nicht gut genug. So werden Kinder mit dem Anspruch groß, dass das gerade Erreichte allenfalls einem höher gesteckten Ziel dient, getreu dem Motto: Stillstand ist Rückschritt. Viele Kinder interpretieren das als »Ich genüge nicht«, »Ich bin nicht richtig, so wie ich bin«. Diese Kinder entwickeln ein geringes Selbstwertgefühl und wenig Selbstvertrauen – eine schlechte Grundlage für das Lernen und das Leben. Dabei sind Kinder kleine Forscher. Es drängt sie zu lernen, wofür sie bereit sind. Vertrauen wir der Kompetenz unserer Kinder, werden sie lernen, was sie brauchen. Lernen findet auf dem schmalen Korridor der Unter- und Überforderung statt. Unterstützen wir die Eigeninitiative des Kindes, indem wir nur so wenig Hilfe wie nötig geben. Um neue Dinge zu lernen, brauchen sie die Sicherheit, dass sie Erfolg haben können und auch Misserfolge erleben dürfen. Das Kind kann viele der anstehenden Aufgaben und Probleme allein lösen. Und dazu braucht es unangestrengte und unaufgeregte Eltern, die ihm Orientierung geben. Die finden sich jedoch meist nicht im Ratgeberdschungel. Erst wenn Kinder über- beziehungsweise unterfordert sind oder sich beziehungsweise andere gefährden, sollten wir unterstützend eingreifen.

In dem Buch »Lasst mir Zeit« beschreibt die ungarische Kinderärztin Emmi Pikler zwei 18 Monate alte Kinder, die beide dieselbe achtstufige Steintreppe hinunterwollen.[59] Tibi kann schon laufen und versucht zusätzlich, eine Schubkarre mit hinunterzutransportieren. Vorsichtig und gekonnt balanciert er die schwere Last aus und bewältigt Stück für Stück den Abstieg. Auch Mari möchte die Treppe hinunter. Da sie zwar schon stehen, aber noch nicht laufen kann, nähert sie sich mit ihrem Gewichtsschwerpunkt vorsichtig der Stufe an. Nun liegt sie auf dem Bauch und lässt sich vorsichtig und behutsam nach und nach hinuntergleiten. Beide haben ihre selbst gestellte Aufgabe bewältigt und beide können stolz auf sich sein. Das Erlebnis »Das habe ich geschafft!« stärkt ihr Selbstvertrauen und Selbstwertgefühl. Und beide sind für ihre jeweilige Entwicklungsstufe achtsam und geschickt vorgegangen, um die Aufgabe zu lösen. Wenn Kinder sich selbstständig auf ihre eigene Weise entwickeln dürfen, dann sind sie auf jeder Entwicklungsstufe sicher und geschickt. Wer von Ihnen weiß, wann Sie zum ersten Mal stehen konnten, wann Sie angefangen haben zu laufen? Es verliert an Wichtigkeit. Wichtig ist das Selbstbewusstsein, das Selbstvertrauen, das das Kind durch die selbstständige Bewegung erwirbt.

In einem Video-Beitrag über das Kleinkindlesen wurde die dreijährige Charlotte gefragt, was sie gerne lese. »Mami, was lese ich gerne?«, gab sie die Frage an ihre Mutter weiter. Auch wenn Kindern tatsächlich schon im Kleinkindalter das Lesen beigebracht werden kann, ist immer noch zu bedenken, ob wir nicht ihr eigenes Interesse untergraben. Sollten wir nicht warten, bis das Kind selbst seinen Wissensdurst an Buchstaben bekundet? Kinder sind nicht dazu da, unsere Erwartungen zu erfüllen, uns stolz und glücklich zu machen. Es ist sehr schwierig, aber sehr wichtig, unser Kind möglichst losgelöst von unseren eigenen Hoffnungen und Wünschen zu sehen. Die permanente Ausrichtung auf die Zukunft lässt die Eindrücke im Hier und Jetzt verblassen. Gerade Kinder haben die wunderbare Fähigkeit, den Augenblick zu leben. Im achtsamen Erleben des Moments entsteht Sicherheit, während der weitschweifende Blick in die Zukunft eher verunsichert. Wir können stärker darauf vertrauen, dass unsere Kinder lernen, was sie brauchen. Und sie lernen es in der Zeit, die sie dafür benötigen. Hier gibt es nichts zu beschleunigen. Erwartungsdruck lässt Kindern zu wenig Spielraum – im wörtlichen und übertragenen Sinne –, um sich zu entwickeln.

Der »Störenfried« im Klassenzimmer

Tim (6) ist ein liebenswerter und fröhlicher Junge im direkten Kontakt. Er hat einen ausgeprägten Gerechtigkeitssinn und setzt sich häufig für andere ein. In seiner Freizeit spielt er gerne draußen, am liebsten Fußball. Sein wertvollster Schatz ist sein Feuerwehrauto, das mit echtem Wasser löschen kann. Am Freitag berichtet die Lehrerin den Eltern besorgt, dass Tim im Unterricht zunehmend ein störendes Verhalten an den Tag lege.

Kinder werden geboren und haben natürliche Entwicklungsaufgaben, die sie nacheinander in bestimmten Zeitabschnitten lösen müssen. Entwicklung bedeutet nach Havighurst auch immer das lebenslange Überwinden von Problemen, wobei das Individuum eine aktive Rolle bei der Gestaltung übernimmt.[60] Von der Geburt bis zum Alter von circa zwei Jahren ist die Aufgabe des Säugling und Kleinkindes, auf die Umwelt mit Freude zu reagieren. Ab ungefähr zwei Jahren geht es stärker darum, auf die Umwelt mit Erfolg zu reagieren. Mit dem Schulbesuch stellen sich für die Kinder neue und herausfordernde Entwicklungsaufgaben. Neben dem Erwerb der Schriftsprache, der Rechenfähigkeit und dem allgemeinen Schulwissen müssen unsere Kinder lernen, im Team zu spielen und zu arbeiten. Ganz schön viele Herausforderungen für die Kleinen.

Jedes Kind ist individuell. Einige sind größer, andere kleiner gewachsen. Unsere Kinder lernen in unterschiedlichem Tempo, haben eine unterschiedliche Auffassungsgabe und Verarbeitungstiefe. Einige Kinder lesen schon die ersten Sätze in Büchern, andere rechnen lieber die Seitenzahlen zusammen. Sie werfen den gleichen Ball nicht gleich weit. Und manchmal können sie am Montag etwas, das die Eltern am Freitag nicht für möglich gehalten hätten. Diese Kenntnis um die Unterschiedlichkeit unserer Kinder gehört mittlerweile in vielen Familien und Klassenzimmern zum Allgemeinwissen.

Die im Schuleingangsalter relevante Entwicklungsaufgabe, die Integration in Gruppen, wird von vielen Eltern und Lehrern weniger berücksichtigt. Dabei ist das Entwickeln des Zugehörigkeitsgefühls und der damit verbundenen Gruppenfertigkeiten die notwendige Voraussetzung für den Erwerb sozialer Kompetenzen, ohne die Schule nicht funktioniert. Aber auch hier gilt, dass verschiedene Kinder diese Entwicklungsaufgabe zu verschiedenen Zeiten in Angriff nehmen – einige früher, einige später. Tim scheint sich gerade dieser Entwicklungsaufgabe zu nähern. Bis jetzt hat er noch nicht ausreichend Anschluss gefunden, daher nutzt er jede Möglichkeit, den Kontakt zu anderen Kindern herzustellen. Er redet während der Lernzeit mit seinen Banknachbarn. Er steht auch im Unterricht auf, um zu kucken, was andere gerade machen, und er lässt sich dabei nicht durch Arbeitsanweisungen von der Lehrerin ablenken. Das wird im

Schulkontext in der Regel als störendes Verhalten wahrgenommen. Zuerst sorgen sich die Lehrer, dann beginnen die Eltern, sich zu sorgen. Alle überlegen, was zu tun sei. Zu diesem Zeitpunkt könnten die Beteiligten gelassen über das Verhalten hinwegsehen und Tim so etwas mehr Zeit geben – oder sie intervenieren.

Damit Tim sich besser konzentrieren kann, bekommt er einen Einzelplatz. Außerdem werden so die anderen Kinder nicht gestört. Unsere Kinder sind darauf angewiesen, ihre Entwicklungsaufgaben zu bewältigen. Werden sie daran gehindert, werden sie Kompensationsstrategien entwickeln, um diese Grenzen zu durchbrechen. Das heißt für Tim, dass er seine Insel im Klassenraum verlassen muss. Er sucht Kontakt zu seinen Klassenkameraden, indem er nun lauter und permanenter auf sich aufmerksam macht. Seine Lehrer beginnen, sich noch mehr Sorgen über Tims auffälliges Verhalten zu machen. Obwohl andere Kinder ihn ja nicht mehr ablenken konnten, tritt das störende Verhalten verstärkt auf. Jetzt bestätigt sich endgültig der Verdacht, dass das auffällige Verhalten ursächlich von Tim ausgeht. Die Beteiligten könnten nach wie vor gelassen über das Verhalten hinwegsehen und Tim so etwas mehr Zeit geben – oder sie intervenieren.

Tim muss gefördert werden, erfahren die Eltern im Gespräch mit der Klassenlehrerin. Spätestens jetzt kommen die Eltern in Zugzwang. Sie überlegen gemeinsam mit der Lehrerin, was für Tim das Beste wäre. Da Tim sich nicht konzentrieren kann, sich leicht ablenken lässt und Schwierigkeiten hat, den Arbeitsanweisungen zu folgen, kommen der Arzt und die Eltern überein, dass Tim eine wöchentliche ergotherapeutische Sitzung am besten helfen kann.

Tim ist nun mit einer Situation konfrontiert, die ihn auf der einen Seite von den anderen Kindern isoliert und ihm auf der anderen Seite das Gefühl gibt, dass er anders ist als die anderen. Er kann sich nicht zugehörig fühlen, was allerdings die Voraussetzung für eine erfolgreiche Bewältigung seiner Entwicklungsaufgabe ist. Dadurch ist er gezwungen, seine Kompensationsstrategien wirksamer einzusetzen, was mehr Energie erfordert. Damit fehlen ihm wichtige Ressourcen beim Lernen. Er baut schulische Defizite auf. Weiterhin könnten die Beteiligten gelassen über das Verhalten hinwegsehen und Tim so etwas mehr Zeit geben – oder sie intervenieren.

Tim soll regelmäßig Nachhilfe bekommen. Die soll es ihm ermöglichen, besser in der Schule mitzukommen. Um ihren Sohn bestmöglich zu fördern, suchen ihm seine Eltern extra einen privaten Nachhilfelehrer. Tim weiß jetzt nicht nur, dass er anders ist als die anderen, sondern er bekommt den Eindruck, dass er schlechter sei als die anderen. So scheitert er nicht nur bei seiner Entwicklungsaufgabe, sondern glaubt nach einer gewissen Zeit auch daran, dass er nicht so gescheit sei wie seine Klassenkameraden.

Dieser exemplarische Fall verdeutlicht den Teufelskreis der Entstehung von Lern- und Leistungsstörungen nach Betz & Breuninger.[61] Das zentrale Element in allen Phasen ist Zeit, welche unsere Kinder dringend brauchen, um ihre natürlichen Entwicklungsaufgaben lösen zu können. Auf der einen Seite geht es darum, auf verschiedenste Interventionen zu verzichten, um Druck vom Kind zu nehmen, und auf der anderen Seite soll das Kind das Gefühl bekommen, dass sowohl seine Eltern als auch seine Lehrer Zutrauen zu ihm haben. Hier brauchen Eltern Gelassenheit. Denn es gibt einen Zusammenhang zwischen den optimalen Entwicklungsbedingungen für das Kind und elterlicher Gelassenheit. Einerseits wird durch die Gelassenheit aller Beteiligten kein

Druck auf das Kind erzeugt, und andererseits ermöglicht sie den Eltern, ihrem Kind Vertrauen zu zeigen. Leider haben wir oft kein solches Vertrauen in unsere Kinder, und wenn die Situation noch schwieriger wird, verlässt uns auch noch der letzte Funke Zuversicht. In unserer Sorge greifen wir dann häufig auf etablierte Konzepte, Instrumente oder Werkzeuge zurück. Menschen brauchen aber keine Instrumente oder Werkzeuge, um repariert zu werden, denn sie sind keine Maschinen.

Was Kinder stark macht

G.s Kindheit war unglücklich und trostlos. Seine Eltern gehörten zur Oberschicht, hatten keine Freunde und waren auffällig misstrauisch und argwöhnisch. Dem kleinen G. mangelte es an elterlicher Zuneigung und Zuwendung. Kühl und kalt fühlte sich sein Zuhause an. Als er erwachsen war, absolvierte er ein Medizinstudium und entwickelte eine ausgeprägte Hypochondrie. Dann wurde er schwer krank und musste über ein Jahr das Bett hüten. Den Tiefpunkt markiert ein Suizidversuch. Doch plötzlich ändert sich sein Leben. Er heiratet und beginnt, sich als Arzt um andere zu kümmern. Als er gefragt wird, was sein Leben so grundsätzlich verändert habe, antwortet der fast 70-jährige G.: »Liebe.«

G. ist einer der Teilnehmer der Grant-Studie, einer einzigartigen Längsschnittuntersuchung, mit der amerikanische Forscher herausfinden wollen, wie ein Leben gelingt.[62] Seit mehr als 70 Jahren begleiten Wissenschaftler der Harvard-Universität 268 Harvard-Absolventen der Jahrgänge 1939 bis 1945. Die Teilnehmer werden alle fünf Jahre medizinisch untersucht, beantworten mehrmals im Jahr unterschiedlichste Fragebögen und führen alle paar Jahre ausführliche Gespräche mit Psychologen. Der Psychiater und Professor an der Harvard Medical School, George Eman Vaillant, leitet dieses Mammutprojekt. Die Frage, was ein gelungenes Leben ausmacht, ist schwer zu beantworten. In der Grant-Studie wurde den Teilnehmern ein zufriedenes Leben attestiert, wenn sie alt und gleichzeitig psychisch und physisch weitestgehend gesund und zufrieden mit sich selbst waren. »Den größten Einfluss darauf, ob ein Leben gelingt, hat Bindung«, schlussfolgert Vaillant.[63] Damit meint er herzliche, innige Beziehungen zu anderen Menschen. Ein gutes Verhältnis zu Eltern und Geschwistern sei »hoch signifikant« für ein zufriedenes Leben, erklärt er in der ZEIT. Einhellig übereinstimmend berichten Forscher, die hinter das Geheimnis eines zufriedenen Lebens kommen wollen, dass die Qualität sozialer Beziehungen eine Hauptrolle spielt.

Doch wie ist es zu erklären, dass G. trotz unglücklicher Kindheit und widriger Lebensumstände in seinem letzten Lebensdrittel ein zufriedenes Leben führt? Auch Emmy Werner und ihre Kollegen haben im Rahmen einer 30-jährigen Längsschnittuntersuchung entdeckt, dass einige Kinder trotz nachteiliger und schwieriger Umweltbedingungen das Leben erfolgreich bewältigen können.[64] Diese Kinder nannte Werner »resilient«, widerstandsfähig. Der Begriff ist abgeleitet vom lateinischen Wort *resilire*, was so viel wie *zurückspringen, abprallen* bedeutet. Damit begründete sie die Resilienzforschung.

Auch der salutogenetische Ansatz sucht nach Antworten auf die Frage: Was erhält einen Menschen gesund? *Salus* bedeutet *Heil* beziehungsweise *Gesundheit* und *Genese* ist das Fachwort für *Entwicklung* beziehungsweise *Entstehung*. Im

Gegensatz zur Pathogenese wird der Blick nicht auf eventuelle krankmachende Risikofaktoren, sondern auf mögliche gesundheitserhaltende oder gesundmachende Schutzfaktoren gerichtet. Der Vater dieses Ansatzes, Aaron Antonovsky, war der erste Gesundheitswissenschaftler, der die Suche nach »generalisierten Widerstandsressourcen« gezielt ins Zentrum seiner Forschung stellte.[65] Als Schatzsuche statt Fehlerfahndung betitelt der Mediziner Eckhard Schiffer diesen Perspektivwechsel.[66]

Die Entwicklungsfenster von Menschen sind gerade in den ersten Lebensjahren besonders weit geöffnet. Deshalb ist es hier sehr wichtig, die Lebenswelt von Kindern derart zu gestalten, dass sie sich gesund entfalten und entwickeln können. Fast alle Eltern fragen sich: Was muss ich tun, um meinem Kind das nötige Rüstzeug für sein Leben mitzugeben? Wie kann ich mein Kind stärken? Wie kann ich mein Kind in schwierigen Situationen unterstützen?

Für Antonovsky liegt der Schlüssel zur Gesundheit im »Kohärenzgefühl«. Je ausgeprägter das Kohärenzgefühl einer Person ist, desto gesünder müsste sie sein. Er definiert es als »umfassendes, dauerhaftes und dynamisches Vertrauen, dass das Leben und seine Anforderungen verstehbar, handhabbar und sinnerfüllt sind«. Damit setzt sich das Kohärenzgefühl aus drei Komponenten zusammen. Mit Verstehbarkeit meint Antonovsky, dass eine Person Geschehnisse aus seiner inneren und äußeren Umwelt als geordnet, vorhersehbar und nachvollziehbar erlebt und darauf vertraut, dass die Dinge sich so entwickeln werden, wie es aller Wahrscheinlichkeit nach zu erwarten ist. Dieses Vertrauen kann entstehen, wenn die Bezugspersonen des Kindes entsprechend auf das Kind reagieren. Durch bedingungslose Zuwendung und liebevolles Verständnis, Rhythmus und Rituale sowie verstehbare und klare Grenzen können Sie Ihrem Kind Halt und Sicherheit geben. So kann es lernen, die Welt auf seine Weise zu verstehen.

Die zweite Komponente, Handhabbarkeit beziehungsweise Machbarkeit, zielt auf die Ressourcen, die einer Person zur Verfügung stehen, um die Aufgaben des Lebens zu bewältigen. Im Zentrum steht die Frage: Kann ich meinen Fähig- und Fertigkeiten sowie meinem sozialen Umfeld vertrauen, dass ich die Anforderungen des Lebens meistern werde? Wenn ein Kind von seinen Eltern unterstützt wird, kann es das Vertrauen in sich und sein soziales Netzwerk entwickeln. Unterstützung bedeutet, das Kind zur selbstständigen Problemlösung zu ermutigen, seine Eigeninitiative zu fördern und ihm in schwierigen Situationen mit Rat und Tat zur Seite zu stehen getreu dem Montessori-Grundsatz: Hilf mir, es selbst zu tun. Es kann nicht darum gehen, dem Kind Aufgaben abzunehmen, denn so bleibt es hilflos und abhängig. Ein sechsjähriger Junge möchte eine Seifenkiste bauen. Wenn der Vater kritisierend eingreift und die Hauptarbeit übernimmt, wird sein Sohn lernen, dass der Papa alles besser kann, und wahrscheinlich bald den Spaß am Handwerken verlieren. Der Junge hat am Ende zwar eine schöne Seifenkiste bekommen, aber ein Stück Selbstvertrauen verloren. Eltern sollten ihr Kind weder über- noch unterfordern, sodass sie ihm ausreichend Entscheidungs- und Handlungsfreiheit geben und genug Zeit und Raum zum Ausprobieren lassen. Die dritte und letzte Komponente ist die Sinnhaftigkeit beziehungsweise Bedeutsamkeit, das heißt, die Anforderungen des Lebens werden nicht als Belastung, sondern als Herausforderung verstanden, für die sich Anstrengung und Kampf lohnen.

Jedes Kind besitzt besondere Talente und Fähigkeiten. Sie zu erkennen, im Alltag wiederholt zu verstärken und dem Kind bewusst zu machen ist eine der wichtigsten Aufgaben von Eltern. Zu schnell und zu oft neigen wir Erwachsenen dazu, unseren Blick ängstlich auf die Schwächen zu richten, darauf, was unser Kind alles noch nicht kann. Dabei besitzt jedes Kind erstaunliche Fähigkeiten und Potenziale. Wir sollten immer wieder unsere eigene Sichtweise hinterfragen und unseren Blick für die Stärken unseres Kindes schärfen. Wenn wir Vertrauen und Zuversicht in unsere Kinder haben, vermitteln wir ihnen als Vorbilder Gelassenheit. Ermutigendes Elternverhalten fördert effektive Stressbewältigungsstrategien wie etwa die Mobilisierung von Unterstützung, den gelassenen Umgang mit Fehlern und die Fähigkeit zu Entspannung. Es hat sich auch gezeigt, dass Gelassenheit und Gesundheit in einem engen Zusammenhang stehen. Menschen mit einem ausgeprägten Kohärenzgefühl sind emotional stabil und blicken mit Zuversicht in die Zukunft. Sie fühlen sich häufig gesund und wohl, verfügen über ein positives Selbstwertgefühl und eine hohe Selbstwirksamkeit. Ein gut ausgeprägtes Kohärenzgefühl schützt vor Überforderung und führt allgemein zu einer besseren Befindlichkeit. Als Eltern müssen wir dafür kaum etwas tun außer authentisch mit uns und unseren Kindern umgehen, ihnen helfen, die Dinge selbst in die Hand zu nehmen, und ihnen immer wieder neue Erfahrungen ermöglichen.

Bewegung macht klug »Huhu, Mama, huhuuu ... hier bin ich ... hier ooobeeen.« In schwindelerregender Höhe balanciert Jonas noch ein wenig unsicher, aber mit einem zufriedenen Lächeln im Gesicht auf dem Klettergerüst. Die Mutter schaut erschrocken den vorsichtigen, etwas wackligen Schritten ihres Sohnes zu. Jonas probiert einen zaghaften Hüpfer und ruft: »Kuck mal, Mama, was ich kann!«

Jede Mutter und jeder Vater kennt diese und ähnliche Situationen zur Genüge. Hoffentlich fällt das Kind nicht runter! Vor unserem geistigen Auge läuft in Sekundenschnelle ein dramatischer Film ab: der unglückliche Sturz, Schmerzen und Tränen, die Operation samt Krankenhausaufenthalt, das kranke Kind mit seinem Leid, die Vorwürfe und Selbstanklagen, weil wir nicht richtig aufgepasst haben. In unserem Leben haben wir von so vielen Unfällen und ihren schrecklichen Folgen gehört, dass die Angst, es könnte auch unser Kind treffen, uns in solchen Situationen in Anspannung hält.

Schritt für Schritt erobern Kinder ihre Welt. Bewegung ermöglicht im wahrsten Sinne des Wortes schrittweise die Erweiterung kindlicher Handlungsfähigkeit. Haben sie mehr Kontrolle über ihre Beine, dann gehen sie nicht – sie rennen jeden Weg. Je besser Kinder laufen können, desto waghalsiger werden ihre Schritte. Und gerade am Anfang, wenn sie ihr neu gewonnenes Können noch ausprobieren, fallen sie öfter hin. Es gibt Schrammen und Beulen zu beklagen. Trotzdem werden ihre Wege immer gewagter, je mehr Sicherheit sie erlangen. Während sie früher zufrieden im Baumhäuschen saßen, klettern sie später auf das Baumhäuschen drauf. Balancieren, schaukeln, klettern, schwingen, springen, immer noch ein bisschen höher, weiter und schneller. Den meisten Eltern treibt es das Adrenalin ins Blut und die Sorge ins Gesicht. »Pass auf, dass du nicht runterfällst!«, wollen wir intuitiv mit erschrockenem Gesicht und zu lauter Stimme rufen. Keine gute Idee, denn genau in dem Augenblick, in dem das Kind seine volle Konzentration braucht, wird es durch uns abgelenkt. Es hört die Angst in der Stimme und wird unsicher. Es spürt, dass Mama oder Papa ihm nicht zutraut, dass es die riskante Aufgabe selbst einschätzen und bewältigen kann. Schade, denn wahrscheinlich wurde hier nicht nur eine Beule oder ein verknackster Fuß verhindert, sondern auch ein Erfolgserlebnis für das Kind. Zudem passieren gerade dann viele Unfälle, wenn Erwachsene in der Nähe sind. Das Kind gibt die Verantwortung ab: »Mir kann nichts passieren. Papa passt ja auf.« Aber Papa schaut vielleicht gerade woandershin. Kinder können nur lernen, was sie sich zutrauen können, wenn wir uns so wenig wie möglich in ihre Bewegungsabenteuer einmischen.

Psychologen unterscheiden zwischen echter Gefahr und Wagnissen. Echte Gefahren stellen für Kinder nicht einschätzbare Risiken dar, wie beispielsweise unüberschaubare Situationen im Straßenverkehr oder giftige Chemikalien, während Wagnisse von Kindern kalkuliert werden können, wie etwa auf Bäume klettern oder auf einer Mauer balancieren. Wenn Kinder von größeren Höhen springen wollen, können Eltern beobachten, wie sie zögern: Spring ich oder spring ich nicht? Kinder suchen immer wieder Situationen, in denen sie ihr Gleichgewicht testen können, und üben dabei ihre Bewegungskoordination. Je schmaler und je instabiler die Unterstützungsfläche, umso labiler das Gleichgewicht. Sie experimentieren spielerisch mit den Bedingungen, welche die Balance verringern oder erhöhen. Dahinter stehen physikalische Gesetzmäßigkeiten, die es viel besser in der Praxis als in der Theorie erfahren kann. Kinder erleben dabei die Bedeutung von Begriffen wie Entfernung, Höhe, Gleichgewicht oder Schwung mit allen Sinnen. Der Moment der Überwindung von Angst und der Bewältigung einer selbst gewählten Herausforderung sind wichtige Lernsituationen. Dabei geht es nicht nur um Angstbewältigung, sondern um eine wichtige, sich durch Wiederholung festigende Erfahrung, die sie für ihren weiteren Lebensweg brauchen: Selbstwirksamkeit. Die Erfahrung, dass ich etwas bewirken kann und die Situation im Griff habe, wirkt sich positiv auf die Motivation, die Begeisterung und auf das Interesse an den Dingen und der Umgebung aus. Selbstwirksamkeit ist eine wesentliche Voraussetzung für Selbstvertrauen und Selbstwertgefühl. Die Beantwortung der zentralen Lebensfragen wie »Wer bin ich und was kann ich?« beginnen bereits während der kindlichen Entwicklung und beeinflussen entscheidend den weiteren Lebensweg, die Entstehung und Umsetzung von Wünschen und Bedürfnissen sowie Lebensfreude und -zufriedenheit.

Besonders in den ersten Lebensjahren ist Bewegung der wichtigste Weg zu Erkenntnis. Entwicklungspsychologen verdeutlichen schon lange den Stellenwert der Motorik für eine gesunde Entwicklung von Kindern und Jugendlichen. Zahlreiche Studien belegen den Zusammenhang zwischen der motorischen und kognitiven Entwicklung.[67] Jeder Reiz, der mittels unserer Sinnesorgane unser Gehirn stimuliert, schafft neue neuronale Verknüpfungen. Und hierbei stellt die Bewegung eine wichtige Ressource zum Begreifen der Welt dar. Auch der Zusammenhang zwischen Sprachentwicklung und Bewegung ist neurophysiologisch belegt. Die Bereiche im Gehirn, die für die Sprachproduktion zuständig sind, stehen in direkter Wechselwirkung mit den für Bewegung und Koordination verantwortlichen Arealen.[68] Das motorische Areal übernimmt eine Schlüsselfunktion und ist in alle Regelkreise zur Handlungssteuerung eingebunden. Bewegung festigt synaptische Verbindungen, führt zu einer besseren Hirndurchblutung und unterstützt Prozesse der Neubildung und Erhaltung neuronaler Netze. Durch Bewegung werden hormonelle Vorgänge beeinflusst, die zum Abbau von Stress und zur Steigerung des Wohlbefindens führen. Bewegung stärkt die Konzentrations- und Leistungsfähigkeit. Durch Inaktivität werden wir müde und unsere Aufmerksamkeit lässt nach.

Eine Studie zur motorischen Leistungsfähigkeit und körperlich-sportlichen Aktivität von Kindern und Jugendlichen in Deutschland zeigt die Abnahme von Bewegung im kindlichen Alltag. Die durchschnittliche tägliche Bewegungszeit sechs- bis zehnjähriger Kinder lag in den 1970er Jahren bei drei bis vier Stunden. Heute bewegen sich Kinder nur noch circa eine Stunde pro Tag. Und innerhalb dieser 60 Minuten bewegen sie sich lediglich 15 bis 30 Minuten intensiv.[69] Doch es sind nicht nur Spielekonsolen, Computer und Fernseher, die Kinder von der Bewegung in der freien Natur abhalten. Kinder haben heute schlicht nicht mehr so viel freien Bewegungsraum wie früher. Vor allem in Städten ist es der Regelfall, dass Eltern ihre Kinder zur Schule, zu Freunden und zu Freizeitaktivitäten bringen und von dort abholen. Die Sorge um die Kleinen scheint zugenommen zu haben. Dass Mütter ihre Kinderwagen samt schlafendem Kind vor dem Supermarkt abstellen, um rasch einkaufen zu gehen, sieht man heute nicht mehr. Auch auf Spielplätzen ist meist eine Betreuungsperson in unmittelbarer Nähe, um Gefahren jeglicher Art vorzubeugen. Wir versuchen, die Sicherheit immer weiter zu erhöhen und alle Risiken auszuschalten. Ellen Sandseter,

Psychologin an der Universität in Trondheim und selbst Mutter zweier Kinder, meint, dass das Sicherheitsdenken außer Kontrolle geraten sei. Erwachsene würden überall Gefahren sehen, auch wenn die Wahrscheinlichkeit, dass Kinder sich verletzen, viel geringer sei als befürchtet. Im Evolutionary Psychology Journal hat sie die Ergebnisse ihrer Forschung auf Kinderspielplätzen in Norwegen, Australien und England veröffentlicht.[70] Zwölf Jahre lang hat sie Erzieher befragt und Interviews mit Kindern und Eltern geführt und festgestellt, dass Kinder schon früh in der Lage sind, Risiken realistisch einzuschätzen. Sie ist davon überzeugt, dass risikoreiches Spielen wichtig für die Entwicklung eines Kindes sei. Denn nur wer sich viel bewege, bewege sich auch sicher.

Digitale Kinderwelten | Schon seit fast zwei Stunden dringt kein Laut durch die Tür, obwohl sich dahinter eigentlich Ihr lebensfrohes und aktives Kind befinden müsste. Eine ungewöhnliche Stille hat sich wie ein dichter Nebel in Ihrem Zuhause ausgebreitet, die manchmal nur durch leises Klicken der Tastatur oder ein verhaltenes Kichern unterbrochen wird. Blaues Licht sickert durch den Türspalt und verliert sich langsam in der Dunkelheit. Sie spähen durch den Spalt, sehen aber nur den Hinterkopf Ihres Kindes, weil es ununterbrochen auf den Monitor starrt. Es scheint in einer Parallelwelt zu sein, unerreichbar für die Reize unserer irdischen Welt. Was – fragen Sie sich – macht es da?

Facebook, Twitter, YouTube, WhatsApp, Skype, Dropbox, ICQ – das sind nur einige Vertreter der neuen Vernetzungsmöglichkeiten im Internet. Jede Woche entstehen neue Web-

Applikationen. Was heute noch angesagt war, ist morgen schon out. Die Veränderung durch den digitalen Fortschritt ist ein hochaktuelles und brisantes Thema unserer Gesellschaft und wird kontrovers diskutiert. Während einige Bücher vor den negativen Einflüssen der digitalen Medien auf das kindliche Gehirn warnen,[71] plädieren andere Stimmen für einen entspannten Umgang mit den neuen Möglichkeiten.[72]

Während die Jungen mit digitaler Technologie aufwachsen, entwickeln die Älteren erst vergleichsweise spät einen Bezug zum Netz. Um den Unterschied zwischen diesen beiden Gruppen zu verdeutlichen, haben sich die Bezeichnungen »Digital Natives« (nach 1965 geboren) und »Digital Immigrants« (vor 1965 geboren) herausgebildet. Das heißt, wenn Sie sich mit den oben genannten Netzwerken auskennen, sind Sie wahrscheinlich jünger als 47 Jahre. Diese beiden Gruppen unterscheiden sich nicht nur in der Häufigkeit der Techniknutzung, sondern auch in der Art des Gebrauchs. Während sich viele der Älteren immer noch mit dem E-Mail-Programm auf ihrem PC herumärgern, kommuniziert die jüngere Generation gekonnt via Tablet und Smartphone und erledigt gleichzeitig mithilfe von Google die Hausaufgaben.

Eltern kommen da kaum mehr mit. Ihre Kinder haben sie mit ihrem Wissen über das Internet und seine Möglichkeiten längst abgehängt. Mit diesem fehlenden Wissen geht Unsicherheit einher: Was macht mein Kind da? Begibt es sich in Gefahr? »Meine Mutter weiß über das Internet nur so viel, wie sie damals über meinen frühen Zigarettenkonsum im Gebüsch beim Hallenbad wusste: Sie tut es und es ist ungesund«, schreibt eine Bloggerin. Was wir nicht kennen, finden wir in der Regel nicht gut. Deshalb stehen viele Eltern den sogenannten Neuen Medien mit Skepsis oder Ablehnung gegenüber und wollen mit diesem »neumodischen Schnickschnack« nichts zu tun haben. Solche Vorbehalte haben jedoch weniger mit dem Internet an sich zu tun, sondern sind vielmehr Teil einer kulturpessimistischen Tradition. Bereits 370 vor Christus warnt Platon in seinem Werk »Phaidros«: »Wer die Schrift gelernt haben wird, in dessen Seele wird zugleich mit ihr viel Vergesslichkeit kommen, denn er wird das Gedächtnis vernachlässigen.«[73] Dieses Argument spielt auch heute eine gewichtige Rolle in der Debatte um die Nutzung von Suchmaschinen oder Navigationsgeräten. Mit dem Aufkommen von Kurznachrichten (SMS, Twitter) wurde sich um die Verrohung der Sprache, die Reduktion der Ausdrucksvielfalt und den Verlust von Rechtschreibfertigkeiten gesorgt. Auch als 1869 die Postkarte offiziell eingeführt wurde, befürchteten viele den Untergang der Schriftsprache. Wenn eine neue Technik mit Denken, Schreiben oder Lesen zu tun hat, dann verändert sie bestimmt unsere Denk-, Schreib- und Lesetechniken zum Negativen. Das ist die Hauptthese, vertreten unter anderem von dem Hirnforscher Manfred Spitzer, der eine allgemeine digitale Demenz befürchtet.[74]

Es dauert derzeit schätzungsweise zehn bis fünfzehn Jahre, bis eine Neuerung die vorhersehbare Kritik hinter sich gelassen hat.[75] Das Interessante am Missfallen gegenüber neuen Entwicklungen ist, dass dieses stark vom Lebensalter und weniger vom Gegenstand der Kritik abhängt: »Alles, was es schon gibt, wenn du auf die Welt kommst, ist normal und üblich und gehört zum selbstverständlichen Funktionieren der Welt dazu. Alles, was zwischen deinem 15. und 35. Lebensjahr erfunden wird, ist neu, aufregend und revolutionär und kann dir vielleicht zu einer beruflichen Laufbahn verhelfen. Alles, was nach deinem 35. Lebensjahr erfunden wird, richtet sich gegen die natürliche Ordnung der Dinge«, schrieb der britische Schriftsteller Douglas Adams.[76]

So fremd vielen Eltern das digitale Treiben ihrer Kinder ist, so sehr sind diese von den Möglichkeiten des Internets fasziniert. Wer älter als zwölf Jahre ist und keinen Facebook-Account hat, setzt quasi seine soziale Existenz aufs Spiel. Das soziale Leben, wie beispielsweise Neuigkeiten austauschen, Treffen vereinbaren, mit Freunden schwatzen, findet heute zu einem Großteil in Online-Communitys statt. Soziale Netzwerke werden neben Suchmaschinen und Videoportalen von 78 Prozent der 12- bis 19-Jährigen mehrmals pro Woche genutzt. 57 Prozent besuchen sogar täglich die eigenen oder fremden Profile im Netzwerk.[77] Die Mehrzahl der 7- bis 10-Jährigen nutzt bereits den Internet-Zugang im Elternhaus, bei den 15- bis 17-Jährigen sind es fast alle. Selbst in der Gruppe der 4- bis 6-Jährigen hat bereits jedes fünfte Kind Internet-Erfahrung. Wir können den digitalen Fortschritt nicht aufhalten, deshalb ist es besser, sich mit den Änderungen auseinanderzusetzen, anstatt die Augen zu verschließen. Auch wenn viele Kinder den Umgang mit Smartphone und Laptop besser als ihre Eltern beherrschen, bedeutet das noch lange nicht, dass sie über genügend Medienkompetenz verfügen. Es ist Aufgabe der Eltern, ihren Kindern beizubringen, wie sie sich vor Gefahren schützen können – sowohl offline als auch online. So wie Sie dafür Sorge tragen, dass Ihr Kind nicht im Dunkeln allein in zwielichtigen Gegenden unterwegs ist, können Sie auch darauf achten, dass es im Internet nicht in düstere Ecken gerät. Eine hundertprozentige Kontrolle gibt es nicht, deshalb müssen wir mit unseren Kindern im Gespräch bleiben und uns für ihre digitale Welt interessieren. Kinder erzählen und erklären uns mit Begeisterung, was sie beschäftigt und was sie entdeckt haben. Dadurch haben wir die Chance, uns mit den Inhalten auseinanderzusetzen, können in anschließenden Gesprächen mit anderen Eltern das Für und Wider ausloten und durch gezielte Grenzsetzung potenzielle Gefahren abwenden.

Stellen Sie sich vor, Ihr Kind erzählt überschäumend von einem Budenbau im Wald mit seinen Freunden. Bei aller Freude über die Begeisterungsfähigkeit und Kreativität werden Sie auch wissen wollen, wie unfangreich und sicher der Bau geplant ist und welche Gefahrenquellen möglicherweise entstehen können, die Ihre Kinder aufgrund ihres Alters noch nicht überblicken können. Wenn wir hier aus Angst vor möglichen Verletzungen und eigener Überforderung sofort ein Verbot aussprechen, nehmen wir dem Kind die Freude am Bau und gehen das Risiko ein, dass es seine künftigen Aktivitäten vor uns geheim hält. So erfahren wir möglicherweise nicht, dass der Freund ein Lagerfeuer in der Bude vorbereitet hat.

So wie wir unsere Kinder bei der Eroberung der realen Welt anregen, fördern und unterstützen, so sollten wir sie auch bei ihrem Weg durch den digitalen Raum begleiten. Fehlt uns das Know-how, sind wir gefordert, uns Hilfe und Unterstützung zu holen. Je besser wir das Internet als wichtigen Kulturraum für unsere Kinder kennen, umso besser können wir reale Risiken einschätzen und handhaben – und gelassener mit dem Thema umgehen.

Liebe & Partnerschaft

Mrs Right und Mr Perfect – in guten wie in schlechten Zeiten

... Der Prinz machte das Mädchen zu seiner Prinzessin und sie lebten glücklich und zufrieden bis an ihr Lebensende. Und wenn sie nicht gestorben sind, dann leben sie noch heute.

Eine klassische Metapher für die Liebe ist Platons Mythos von den Kugelmenschen, die, einst von den Göttern entzweit, nun ewig auf der Suche nach ihrer passenden Hälfte sind. Wer kennt diese Sehnsucht nach seiner passenden Hälfte nicht? Wir durchkämmen akribisch alle Warenhäuser nach dem passenden Deckel. Wir warten geduldig auf die Begegnung mit unserem Prinzen samt weißem Pferd. Wir durchsuchen jeden hohen Burgturm und jedes Burgschloss nach unserer Traumprinzessin. Manche von uns finden ihren Prinzen oder ihre Prinzessin, um dann festzustellen, dass er oder sie sich über kurz oder lang in einen Frosch verwandelt. In Deutschland wird jede dritte Ehe geschieden, Trennungen nichtehelicher Lebensgemeinschaften nicht eingerechnet, und die Scheidungsrate steigt weiter an. Diese Menschen dachten, sie oder ihn gesucht und gefunden zu haben. Doch anscheinend hatten sie sich geirrt und mussten enttäuscht feststellen: Es war die/der Falsche.

Der Psychologe und Paartherapeut Arnold Retzer singt ein »Lob der Vernunftehe« und erklärt diese Verwandlung so: »Der falsche Partner kann [...] nur im Rahmen der eigenen

Vorstellungen zum falschen Partner werden.«[78] Je höher die Ansprüche an den Partner, je exakter unsere Vorstellungen von ihm sind, desto größer ist die Wahrscheinlichkeit, dass er den Anforderungen nicht gerecht werden kann. Jeder Mensch hat individuelle Erwartungen, Vorstellungen und Hoffnungen in Bezug auf seinen Wunschpartner. Studien und Umfragen zeigen, dass die Ansprüche an eine Paarbeziehung in den letzten Jahrzehnten gestiegen sind. Einerseits soll sie die Basis für Romantik, sexuelle Leidenschaft und Kuscheln auf der Couch bieten, und andererseits soll sie Sicherheit und ein Stück Verantwortung für das eigene zufriedene Leben gewährleisten. Und der ganze Alltag soll auch noch harmonisch bewältigt werden. Heimlich hoffen wir, unser Glück in der Beziehung mit dem richtigen Menschen zu finden, der uns begehrt und liebt, der uns versteht und unterstützt, ergänzt und ins Gleichgewicht bringt. Obwohl wir wissen, dass unser Bild der immerwährenden romantisch-leidenschaftlichen Beziehung von Liebesfilmen und -büchern stark beeinflusst ist, bleiben die hohen Erwartungen und festen Vorstellungen bestehen. Im Rausch der Verliebtheit glauben wir, denjenigen gefunden zu haben, mit dem wir glücklich sein können. Allerdings ist Verliebtheit kein Dauer-, sondern ein Ausnahmezustand. Sieht ein verliebter Mensch das Objekt seiner Begierde, werden vermehrt Neurotransmitter, etwa Dopamin, und Hormone, wie beispielsweise Adrenalin und Oxytocin, ausgeschüttet. Es kribbelt im Bauch, Puls und Atem beschleunigen sich und die Handflächen beginnen zu schwitzen. Ein mit Frühlingsgefühlen einhergehender Mangel an Serotonin führt dazu, dass Verliebte an nichts anderes außer ihren Liebsten denken können. Laut Retzer ist Verliebtheit somit nichts weiter als »ein psychiatrisches Durchgangssymptom mit der Betonung auf Durchgang«.

Ein Alltag im Ausnahmezustand kann nicht funktionieren. Nach und nach entdeckt man an seinem Partner oder seiner Partnerin Seiten, die man so gar nicht wertschätzen kann. Vielleicht ist er unzuverlässig und lässt den anderen wiederholt hängen. Oder sie spricht nur über sich und interessiert sich wenig für den anderen. Die ersten grauen Nebelschleier durchziehen das Rosarot. Wir stellen fest, dass zum Beispiel ein »Kuschelbär«, der uns anfänglich so viel Sicherheit gegeben hat, nicht so ein leidenschaftlicher Liebhaber ist, wie wir ihn uns wünschen würden, oder dass das Organisationstalent des Partners nicht nur den Alltag wunderbar plant, sondern auch jede Urlaubsreise minutiös regelt. Je näher wir einem anderen Menschen kommen, desto mehr Seiten entdecken wir an ihm, die wir mögen oder eben ablehnen. Und je näher wir einem anderen Menschen kommen, desto mehr kommt man sich ins Gehege. Wir streiten und schreien, jammern und klammern, nörgeln und kritisieren, beschimpfen und beleidigen, schweigen und ziehen uns zurück – und sind schockiert. So kennen wir uns gar nicht. Dieses Verhalten sieht uns doch nicht ähnlich. Unsere Partner bringen uns in Rage. Sie sind schuld, dass es uns so schlecht geht. Das Problem ist immer der andere. Probleme entstehen aufgrund von Bedeutungen und Bewertungen, die wir den Dingen, Personen und Handlungen zuschreiben. Und jede Wertung folgt bestimmten Erwartungen und Wertvorstellungen. Je fester unsere eigenen Erwartungen und Vorstellungen in uns verankert sind, umso schneller und häufiger werden wir möglicherweise enttäuscht. Wenn sie beispielsweise erwartet, zu ihrem Geburtstag mit ihren Lieblingsblumen und Frühstück am Bett überrascht zu werden, wird sie über seine Gratulation mit Umarmung und Küsschen enttäuscht sein. Über den Tag kann sich die Enttäuschung zu einem handfesten Zweifel an seinen Gefühlen für sie steigern. Und wenn er sie dann am Abend zum Essen ins schönste Restaurant der Stadt einlädt, kann sie sich kaum noch freuen.

Wer sich über die Subjektivität seiner Wahrnehmung bewusst ist, kann gelassener die Wahrnehmung des Partners annehmen. Paare, die über 25 Jahre zusammenleben, nennen die Fähigkeit, gemeinsam Probleme lösen zu können, als wichtigsten Faktor für ihre Zufriedenheit. Hierzu braucht es die Fähigkeit, seine Meinung zu äußern, ohne den anderen abzuwerten und zu verletzen. Das setzt Verständnis für den Partner voraus und das Wissen darüber, was ihn kränkt und verletzt.

Laut Retzer komme es aber gar nicht so sehr darauf an, »sich zu vertragen, das heißt Probleme zu lösen, sondern darauf, sich zu ertragen und mit Restriktionen zu leben«. Das bedeutet, die Lösung ist der Verzicht auf die Lösung, denn Probleme seien alltägliche Beschränkungen: »Sich einen dauerhaften Partner aussuchen heißt, sich ein paar dauerhafte Probleme auszusuchen.« Die Journalistin Eva-Maria Zurhorst geht noch einen Schritt weiter, indem sie schreibt, dass es eigentlich egal sei, mit wem wir zusammen seien, weil wir am Ende immer nur uns selbst begegnen würden: »Der andere ist immer nur die Leinwand, auf der Sie Ihre eigenen unerfüllten Bedürfnisse, Ihre eigene Fähigkeit zu lieben, Ihre eigenen Blockaden und Verletzungen, Ihre eigene Lebendigkeit, vor allem aber Ihre eigene tiefe, innere Spaltung zwischen Sehnsüchten und Ängsten betrachten können.«[79] Kein Partner könne zu Wohlergehen verhelfen, noch könne er für Selbstachtung und Selbstvertrauen garantieren. Das liege in der Verantwortung von jedem Menschen selbst.

Wir können uns von Zeit zu Zeit auch fragen: Würde ich gerne selbst mit mir zusammenleben? Wir wünschen uns, von unserem Partner so akzeptiert und geliebt zu werden, wie wir sind. So durchschnittlich, mittelmäßig, wie wir sind, wollen wir doch als etwas ganz Besonderes und Liebenswertes wahrgenommen werden. Wir sind allesamt keine Traumprinzen oder Märchenprinzessinnen, sondern ganz normale Menschen mit Stärken und Schwächen, Ecken und Kanten, unangenehmen und liebenswerten Seiten.

Die schlechte Nachricht: Traumprinzen und Märchenprinzessinnen gibt es nicht. Die gute Nachricht: Wenn Sie einen Frosch lieben, dann können Sie selber auch endlich entspannt ein Frosch sein. Und so lebten sie gelassen und zufrieden bis ans Ende ihrer Tage.

Der Tanz um Nähe und Distanz

»Eine Gesellschaft Stachelschweine drängte sich, an einem kalten Wintertage, recht nahe zusammen, um, durch die gegenseitige Wärme, sich vor dem Erfrieren zu schützen. Jedoch bald empfanden sie die gegenseitigen Stacheln; welches sie dann wieder voneinander entfernte. Wann nun das Bedürfniß der Erwärmung sie wieder näher zusammen brachte, wiederholte sich jenes zweite Übel; so daß sie zwischen beiden Leiden hin und her geworfen wurden, bis sie eine mäßige Entfernung voneinander herausgefunden hatten, in der sie es am besten aushalten konnten.«[80]

Der Philosoph Arthur Schopenhauer thematisiert in seiner Parabel von den Stachelschweinen den Grundkonflikt menschlicher Beziehungen. Einerseits suchen Menschen nach Nähe, andererseits haben sie ein Bedürfnis nach Autonomie und

Selbstständigkeit. In unserer Partnerschaft wünschen wir uns eine verlässliche Nähe, die auch leidenschaftlich sein soll und gleichzeitig größtmögliche Selbstentfaltung zulässt. Aus diesem Spannungsfeld ergeben sich große Konflikte. Vor allem unsere Bindungserfahrungen in der Kindheit, aber auch Erlebnisse mit früheren Partnerschaften beeinflussen wie wir diese Konflikte lösen.

Wie viel Nähe ist notwendig und wie viel Raum tut der Liebe gut? Diese Frage ist nicht allgemeingültig zu beantworten. Dass wir Menschen aufgrund unserer individuellen Geschichte unterschiedliche Bedürfnisse nach Nähe und Distanz haben, brauche ich nicht extra zu erwähnen. Ich erwähne es trotzdem. Häufig fühlen wir uns verletzt, wenn der Partner seinem Bedürfnis nach mehr Abstand Ausdruck verleiht. Der Wunsch nach mehr Distanz wird häufig missverstanden als Rückzug aus der Beziehung. Es kann aber auch bedeuten, dass man sich mehr Raum und Zeit für sich selbst wünscht. Ein Schmetterling braucht Platz, um seine Flügel entfalten zu können. Das ist ein wichtiger Unterschied. Paare beginnen häufig, sich Vorwürfe zu machen, wenn nicht alle Bedürfnisse erfüllt werden. Man unterstellt sich gegenseitig unlautere Motive. Dabei ist dies in der Regel selten der Fall. Kinder suchen bei Unsicherheiten die Nähe ihrer Eltern. Fühlen sie sich geschützt und geborgen, können sie sich ein Stück entfernen, um die Welt zu entdecken. Empfinden wir die Beziehung als sicher, brauchen wir auch ab und zu Freiraum, um uns persönlich entfalten zu können. Gerade die individuelle Weiterentwicklung hält eine Beziehung lebendig und lädt dazu ein, den Partner immer wieder neu zu entdecken.

Jedes Verhalten hat einen guten Grund. Wenn wir die Gründe für die Verhaltensweisen unseres Partners verstehen, werden wir erkennen, dass keine bösen Absichten hinter seinem Verhalten stehen, sondern Bedürfnisse. Eine Beziehung ist ein ewiger Tanz um die Balance zwischen Nähe und Distanz. Zweisamkeit und Unabhängigkeit sind zwei wichtige Pfeiler in einer Partnerschaft, die stets aufs Neue in Einklang gebracht werden müssen.

Im Laufe einer Partnerschaft ändert sich die Sehnsucht nach Nähe und Distanz. Mal fühlt man sich mehr verbunden, mal weniger. Damit Nähe entstehen kann, müssen wir achtsam sein für die jeweiligen Bedürfnisse unseres Partners nach Nähe oder Distanz. Probieren Sie es aus und sprechen Sie mit Ihrem Partner über Ihre persönlichen Bedürfnisse:

»Wie viel Nähe und Distanz wünschen wir uns?«

»Darf ich mich zurückziehen, ohne dass du dich abgelehnt oder gekränkt fühlst?«

»Welche Möglichkeiten des Rückzugs gibt es für jeden von uns?«

»Welche Ängste sind mit großer Nähe und großer Distanz für uns verbunden?«

»Können wir erkennen, wann sich der andere Nähe oder Distanz wünscht?«

Die wichtigste Erkenntnis dabei ist: Wir können Nähe nicht einfordern. Nähe entsteht. Durch Fordern und Verlangen, Zerren und (Er-)Ziehen können wir Nähe nicht erzwingen. Nähe braucht Raum, um sich zu entfalten. Wir müssen nur bereit sein, Nähe und Distanz erfahren zu wollen und zuzulassen. Wenn es kalt wird, rücken die Stachelschweine wieder zusammen.

Wer hat angefangen?

Heike: »Ich mach hier immer alles alleine und du sitzt nur rum.«

Christian: »Das stimmt doch gar nicht, ich hab nur gerade nicht so viel Zeit für den Haushalt.«

Heike: »Wenn ich mich nicht um alles kümmern würde, würde alles im Chaos versinken. Du machst ja keinen Finger krumm.«

Christian: »Du reißt doch immer alles an dich.«

Heike: »Ich musste das auch machen, weil du deinen eigenen Kram nicht mal geschafft hast. Meistens hat doch die Hälfte gefehlt.«

Christian: »Wer musste denn immer Überstunden machen? Das war ja wohl ich! Und alles nur wegen der Monatsraten fürs Haus, das du unbedingt haben wolltest …«

Heike: »Ich hab dem Hausbau doch nur zugestimmt, weil du dich ohne feste Grundlage gar nicht auf eine lange Beziehung hättest einlassen können.«

Christian: »Das stimmt doch gar nicht. Ich konnte mich damals auf eine Beziehung mit dir nicht einlassen, weil du ständig unterwegs warst. Du warst es doch, die Schwierigkeiten hatte, sich festzulegen.«

Und so weiter …

Wer hat angefangen? Wer hat Schuld? Diese Frage spielt in unserer Gesellschaft in Konfliktfällen eine große Rolle, weil das vergangene Geschehen unser gegenwärtiges Handeln rechtfertigen kann. Menschliche Beziehungen werden auch durch das Gesetz von Aktion und Reaktion beherrscht, wobei sich immer auch die Frage nach Ursache und Wirkung stellt. Interessanterweise sehen sich sowohl Heike als auch Christian ausschließlich als Reagierende, nicht als Agierende.

Heike sagt: »Weil du nichts machst, muss ich immer alles machen«, und Christian sagt: »Weil du immer alles an dich reißt, kann ich gar nichts mehr machen.« Heike rechtfertigt ihr Verhalten mit dem Verhalten von Christian und umgekehrt. Denn den Schwarzen Peter möchte niemand haben. Deshalb behaupten wir: Ich verhalte mich so, weil ich nicht anders kann. Unseren eigenen Anteil am Geschehen können wir oft gar nicht mehr wahrnehmen. Ein kommunikatives Dilemma, das der Psychologe und Psychotherapeut Paul Watzlawick *Interpunktion* nannte.[81]

Wie kann man nun solche Kommunikationsschleifen auflösen oder verhindern? Die möglichen Lösungsstrategien sind genau die gleichen, die Sie als Eltern zwei streitenden Kindern geben würden: Im Sandkasten bricht ein Streit aus. Marie bewirft Leon mit Sand und er stürzt sich gerade wütend auf sie. Die Eltern gehen dazwischen und wollen die Situation klären. Sie trösten ihre aufgeregten Kinder, nehmen sie in den Arm und zeigen ihre Anteilnahme. Was passiert sei, fragen sie und hören den beiden konzentriert und aufmerksam zu. »Ich hab das nur gemacht, damit sie nicht mit Sand werfen kann«, schnieft Leon. »Aber ich habe nur mit Sand geworfen, weil er meine Burg kaputt gemacht hat«, ruft Marie dazwischen. »Ich hab die blöde Burg nur umgehauen, weil sie mir meine Schaufel weggenommen hat«, erklärt Leon, woraufhin Marie sagt: »Das hab ich aber nur gemacht, weil er mich beschimpft hat.« Das Beispiel zeigt: Es gibt keine einfachen Ursache-/Wirkung-Beziehungen, wir haben es immer mit einer Wechselbeziehung zu tun. Das heißt, es gibt keinen Urheber, der als klarer Schuldiger festgemacht werden kann.

Wenn Sie eine Änderung bei einem anderen bewirken möchten, dann verhalten Sie sich so, als ob der andere das gewünschte Verhalten bereits zeigte. Leichter fällt es mit der Wunderfrage: »Wie würden Sie sich verhalten, wenn über Nacht ein Wunder passierte und das Problem gelöst wäre?« Verhalten Sie sich genau so. Warum? Sie kennen vielleicht »sich selbst erfüllenden Prophezeiungen«. Damit bezeichnen Psychologen das Phänomen, dass ein erwartetes Verhalten einer anderen Person durch das eigene Verhalten hervorgerufen werden kann. Im Fall zwischenmenschlichen Geschehens ist das kein Wunder, sondern eine logische Konsequenz. Wir handeln auf Grundlage unserer inneren Erwartungen. Erwartet eine Person ein bestimmtes Verhalten von seinem Gegenüber, führt sie durch das eigene Verhalten genau dieses Verhalten herbei.

In einem Experiment, das ursprünglich den Attraktivitätsstereotyp untersuchen wollte, wurden den Versuchsteilnehmern Bilder von verschiedenen Menschen gezeigt.[82] Die Probanden bewerteten, welche Menschen sie als sympathisch und welche als unsympathisch einschätzten. Daraufhin sollten einige der Versuchspersonen mit der als sympathisch beurteilten Person telefonieren, während andere die als unsympathisch bewertete Person in der Leitung hätten. Diejenigen Versuchspersonen, die ihren Gesprächspartner zuvor als sympathisch eingestuft hatten, verhielten sich am Telefon freundlich und zuvorkommend. Sie sprachen mit dem anderen in einer warmen, humorvollen und lebhaften Weise. Diejenigen Versuchspersonen, die glaubten, sie sprächen mit der unsympathischen Person, verhielten sich eher distanziert, abweisend und desinteressiert. Der Unterschied, ob Ihnen jemand offen und freundlich oder sachlich und reserviert gegenübertritt, ist gravierend. So wird der Eindruck, den sich die Teilnehmer bereits vor dem Telefonat gebildet hatten, bestätigt und zur sich selbst erfüllenden Prophezeiung.

Unsere Erwartungen beeinflussen unsere Wahrnehmung und unser Handeln. Erwarten wir das Ende eines Konflikts, werden wir alle kleinen Nuancen, die auf ein Ende hindeuten, besonders wahrnehmen und entsprechend reagieren. Halten wir den Konflikt für unüberwindbar, filtern wir genau die Teile aus dem Konflikt, die das bestätigen, und übersehen die verbindenden Anteile zwischen den Gegnern. Und so tragen wir »unwissentlich« und unbewusst dazu bei, dass der Konflikt sich abkühlt oder aufrechterhalten wird.

Werfen wir noch einmal einen Blick in den Sandkasten. Eltern versuchen in der Regel nicht, die Schuldfrage zu klären, weil sie wissen, dass dieser Versuch scheitern wird. Stattdessen legen sie ihren Fokus auf die Zukunft, um eine Lösung für den weiteren Umgang der beiden kleinen Streithähne miteinander zu finden. Vielleicht gibt es zwei Schaufeln und eine gemeinsame Idee, an der Marie und Leon zusammen bauen können. Vielleicht brauchen die beiden Kinder aber auch ein bisschen mehr Platz beim Bauen, um sich nicht gegenseitig aus Versehen zu stören. Manchmal hilft sogar etwas Abstand voneinander und eins der Kinder oder beide suchen sich ein neues Betätigungsfeld. Ganz gleich, wie die Lösung am Ende aussieht, sie sollte den Bedürfnissen beider Kinder gerecht werden. Es ist wichtig zu erkennen, dass die Schuldfrage nicht zu klären ist. Für das Erleben einer positiv bewerteten und konstruktiven Kommunikation ist vielmehr das Ende einer Kommunikation bedeutend. Sind beide Gesprächspartner an einer Lösung des Konflikts interessiert, werden sie das ständige Nachlegen beenden und sich auf eine Einigung konzentrieren. Wenn wir uns im Wald verirrt haben, ist die Suche nach dem richtigen Weg wichtiger als der Grund für das Verlaufen.

Hör mir doch mal zu!

»Was die kleine Momo konnte wie kein anderer, das war: zuhören. Das ist nichts Besonderes, wird nun vielleicht mancher Leser sagen, zuhören kann doch jeder. Aber das ist ein Irrtum. Wirklich zuhören können nur ganz wenige Menschen. Und so wie Momo sich aufs Zuhören verstand, war es ganz und gar einmalig. Momo konnte so zuhören, dass dummen Leuten plötzlich sehr gescheite Gedanken kamen. Nicht etwa, weil sie etwas sagte oder fragte, was den anderen auf solche Gedanken brachte, nein, sie saß nur da und hörte einfach zu, mit aller Aufmerksamkeit und aller Anteilnahme.«[83]

Die Kunst des Zuhörens wird weitestgehend unterschätzt, deshalb sind gute Zuhörer selten – und sehr gefragt. Das Zuhören ist elementarer Bestandteil jeglicher Kommunikation. Die meiste Zeit unseres Tages verbringen wir mit irgendeiner Form der Kommunikation. Davon entfällt etwa ein Drittel aufs Reden und ungefähr die Hälfte aufs Zuhören. Und die Mehrheit von uns sind schlechte Zuhörer. Zwischen dem bloßen Hören und dem Zuhören gibt es einen Unterschied: Jemand, der seinem Gesprächspartner wirklich zuhört, vermittelt ihm das Gefühl, verstanden zu werden. Und genau darum geht es in der zwischenmenschlichen Kommunikation: zu verstehen und verstanden zu werden. Beziehungen entstehen und wachsen durch Kommunikation – und durch wachsende Beziehungen wachsen wir selbst.

Zuhören ist kein passiver Vorgang. Menschen brauchen in bestimmten Abständen die Rückmeldung des Gegenübers, die anzeigt, dass er noch aufmerksam zuhört und die Äußerungen des Sprechers verstanden hat. Nach Watzlawick können wir nicht nicht kommunizieren.[84] Unsere nonverbale

Kommunikation spielt sich meistens nicht bewusst ab, dennoch offenbaren Blicke, Mimik, Körperhaltung, Gestik, Artikulation und Tonfall viel mehr über den Zuhörer als kurze verbale Rückmeldungen wie »Mhm«, »Ja«, »Aha«. Wenn wir unserem Gegenüber sagen: »Du hast völlig recht«, dabei aber die Augen verdrehen, geben wir dem Satz eine völlig andere Bedeutung.

Auch Fragen sind für die gegenseitige Kommunikation von enormer Bedeutung. Sie signalisieren Interesse und halten die Kommunikation aufrecht. Gute Zuhörer erkundigen sich, wenn sie etwas nicht verstanden haben, und sie wiederholen, was sie verstanden haben. Es geht nicht darum, das Gesagte einfach nachzuschnattern, sondern darum, die Motive und Emotionen des Sprechers zu erfassen, um ihn wirklich und wahrhaftig zu verstehen. Gute Zuhörer berücksichtigen auch die Körpersprache ihres Gesprächspartners, registrieren das Flattern in der Stimme oder verkrampfte Hände. Wichtig ist es, zu erkennen, dass Einfühlungsvermögen und Mitgefühl nicht automatisch mit Zustimmung gleichzusetzen sind. Es ist kein Widerspruch, den anderen zu verstehen, aber dennoch anderer Meinung zu sein. Zuhören bezeugt Wertschätzung für den Gesprächspartner und sein Anliegen, es stärkt und vertieft somit die Beziehung. Wenn Sie Ihrem Gegenüber wirklich zuhören, ist das ein starkes Instrument, um sowohl private als auch berufliche Beziehungen zu verbessern. Wer besser zuhören kann, erhält Informationen und erweitert sein Wissen. Aktives Zuhören erleichtert die Verständigung, verringert Stress und erhöht den persönlichen Einfluss; es stärkt die Glaubwürdigkeit und weckt Vertrauen. Erst wenn jemand einen guten Zuhörer vor sich hat, wird er in die Lage versetzt, selbst seine Wahrnehmungen zu deuten, seine Hypothesen zu überprüfen und nach eigenen Lösungen zu suchen.

Es gibt also viele Gründe, warum wir unserem Gegenüber gut zuhören sollten – aber auch viele, warum wir es so oft nicht tun: Wir sind abgelenkt und mit etwas anderem beschäftigt, mit unseren eigenen Gefühlen, mit anderen Gedanken, oder unsere Aufnahmefähigkeit ist erschöpft. Aber auch wenn wir alle Ressourcen zur Verfügung haben, fällt uns echtes Zuhören nicht leicht. Ganz automatisch gleichen wir das Gehörte mit unserem Erfahrungsschatz ab. Wir bilden unsere eigenen Hypothesen über Ursachen und Lösungen und versuchen, sie während des Gesprächs auf ihre Richtigkeit zu prüfen: Der Sohn kommt in die Küche gestürzt, in der die Mutter gerade das Abendbrot zubereitet. Er fragt ungeduldig: »Wann ist das Essen endlich fertig?« Die Mutter glaubt, er drängele, um noch mal zum Spielen hinausgehen zu können, und antwortet: »Du gehst heute nicht mehr raus. Es ist schon zu spät.« Der Junge fühlt sich völlig missverstanden und reagiert gereizt: »Will ich doch gar nicht. Ich habe Hunger!«, und geht wütend und enttäuscht aus der Küche.

Das ist nur ein kleines Beispiel für eine misslungene Kommunikation. Wenn wir den anderen häufiger missverstehen, kann sich aus einer Kommunikationsstörung leicht eine Beziehungsstörung entwickeln. Es ist immer wieder notwendig, dass wir während des Gesprächs prüfen, ob wir mit unseren Reflexionen richtigliegen. Natürlich möchten wir dem anderen mit Rat und Tat zur Seite stehen, ihm helfen und ihn bei der Problemlösung unterstützen. Ein Beispiel: Susanne erlebt gerade einen Tiefpunkt in ihrer Beziehung zu ihrem Freund. Sie ist verunsichert und zweifelt daran, ob die entstandene gemeinsame Ebene eine langfristige Partnerschaft trägt. In einem Gespräch mit ihrem besten Freund Lukas wartet dieser mit einer Vielzahl von Vorschlägen auf. Susanne ist ihm wichtig und er möchte nicht, dass sie unglücklich wird. Auf Susanne wirken seine Ratschläge allerdings nicht sehr nützlich. Sie wollte doch eigentlich nur mal über ihren Kummer sprechen und sich stärker über ihre Gefühle klar werden. Auf einmal bemerkt sie, dass sie beginnt, ihren Freund zu verteidigen. Danach trifft sie Lukas seltener.

Gehen wir nur von unserer Perspektive aus, ohne zu beachten, dass diese Gedanken nicht unbedingt für die persönliche Situation des Gegenübers passen, wird der andere sich wahrscheinlich unverstanden fühlen und das Gespräch beenden. Unsere gut gemeinten Lösungen und Ratschläge sind häufig nur für uns selbst brauchbar und haben mit dem Problem unseres Gesprächspartners nicht mehr viel zu tun. Ganz gleich, wie edel unsere Absichten sind, der andere fühlt sich nicht angenommen und nicht verstanden. Nicht selten findet sich das Gegenüber im Gesprächsverlauf in einem Kampf um die Deutungshoheit seiner Probleme wieder. Wir können uns um Kopf und Kragen reden, aber es hat sich noch niemand um Kopf und Kragen zugehört. Um wirklich aktiv zuhören zu können, müssen wir erst einmal eigene Gedanken und Ideen, die eine schnelle Lösung versprechen, beiseiteschieben. Wir sind nur dann ein hilfreicher Gesprächspartner, wenn wir unseren Partner bei der Suche nach seinen *eigenen* Lösungen unterstützen und darauf vertrauen, dass echtes Zuhören einen wesentlichen Teil dazu beiträgt.

Aktives Zuhören befreit uns von der Verantwortung und dem Druck, selbst Lösungen zu finden. Je mehr wir uns bemühen, Ideen zu entwickeln, umso mehr stehen wir unter Leistungsdruck. Die Gefahr, selbst enttäuscht und gereizt zu reagieren, ist dann sehr hoch und für die Situation wenig hilfreich. Wenig hilfreich ist es auch, wenn wir keine Zeit oder Muße für ein Gespräch haben. Äußern Sie das rechtzeitig, denn über nonverbale Signale wird es sowieso sichtbar. Diese Erkenntnisse gilt es zu verinnerlichen und in unserem Umgang mit anderen Menschen zu beherzigen. So werden wir uns künftig entspannter und gelassener mit ihnen austauschen.

Trennung tut weh

»Wir hatten uns erkoren, versprochen Lieb und Treu, wir hattens uns geschworen … Und nun ists doch vorbei!« (aus dem Gedicht »Vorbei« von Rainer Maria Rilke)

Einschneidende Erlebnisse, die die partnerschaftliche Beziehung gefährden, gehören zu den kritischen Ereignissen im Lebenslauf. Nach Holmes & Rahe können alle Veränderungen im Leben, die Anpassungsleistungen erfordern, als belastend empfunden werden.[85] Im Rahmen ihrer Forschung zu kritischen Lebensereignissen berichten die beiden Wissenschaftler, dass Scheidung und Trennung zu den Lebensereignissen zählen, die besonders schwierige soziale und psychische Anpassungsleistungen vom Individuum erfordern. Eine Trennung rangiert auf ihrer Skala (Social Readjustment Rating Scale, SSRS), die einschneidende Lebensereignisse zwischen den Polen maximale und minimale Belastung einstuft, direkt unter dem Tod des Partners (mit 100 Punkten die maximale Belastung). Das heißt, nur noch der Tod des Lebenspartners ist belastender als eine Trennung.

Wer schon einmal im Leben Liebeskummer infolge einer Trennung vom geliebten Partner erlebt hat, weiß, welche grausamen Schmerzen mit dem Verlust verbunden sein können. Für viele Menschen bricht eine Welt zusammen. Alles gerät aus den Fugen. Ohnmächtig und hilflos betrachten sie den Scherbenhaufen ihrer Beziehung. Die Pläne für eine gemeinsame Zukunft gescheitert, gemeinsame Träume zerbrochen, Wünsche und Hoffnungen für immer begraben. Bis dato nie erlebte Gefühle von Angst, Einsamkeit, Verzweiflung und Wut breiten sich aus und alles versinkt in Dunkelheit. Die ersten Tage, Wochen und Monate nach einer Trennung sind meist schmerzlich und der Alltag wird nur durch graue Nebelschleier hindurch wahrgenommen.

Um eine Trennung zu bewältigen, müssen, ähnlich wie nach dem Tod des Partners, der Verlust akzeptiert, viele Veränderungen bewältigt und das Leben neu geordnet werden. Die ersten beiden Jahre nach der Trennung sind eine besonders kritische Phase, in der die Betroffenen nicht nur mit starken Veränderungen, sondern auch mit Verlustgefühlen und Konflikten konfrontiert sind.[86]

Die Schmerzen und das Leiden nach einer Trennung sind normal. Gegen diesen Schmerz gibt es keine Medizin. Einige greifen zu Pillen oder versuchen, mit Alkohol den Schmerz, die Wut und Verzweiflung zu betäuben, weil sie diese heftigen Gefühle und Affekte nicht auszuhalten glauben. Um eine Trennung zu verarbeiten und zu bewältigen, ist es sehr hilfreich zu wissen, mit welchen emotionalen und körperlichen Reaktionen Sie rechnen müssen, wenn eine Beziehung zerbricht. Der Trauerprozess, den ich im Folgenden vorstelle, orientiert sich stark an den Trauerphasen, welche die Psychotherapeutin Verena Kast in Bezug auf die Trauer nach dem Tod naher Angehöriger entwickelt hat.[87] Er unterteilt sich in vier Phasen, die schrittweise und nicht klar voneinander getrennt ablaufen. Jeder, der schon einmal richtigen Trennungsschmerz erfahren hat, wird seine Gefühle oder sein Verhalten hier und da widergespiegelt sehen.

Die erste Phase bezeichnet Kast als »Nicht-Wahrhaben-Wollen«. Die Trennung und der drohende Verlust werden geleugnet. Der Betroffene nimmt die Nachricht meist empfindungslos auf und ist starr vor Entsetzen: »Das kann nicht wahr sein. Das ist nur ein böser Traum.« Er klammert sich an die Hoffnung, dass alles wieder gut werden kann, und versucht, um den Partner und die Beziehung zu kämpfen. Oft wird die Trennung geheim gehalten in der Hoffnung, den Partner noch einmal umstimmen zu können. Scheitern diese Versuche nachhaltig, beginnt die zweite Phase der »aufbrechenden Emotionen«.

Wenn die Hoffnung langsam schwindet, macht sich Verzweiflung breit. Betroffene erleben meist ein ganzes Spektrum an intensiven Gefühlen wie beispielsweise emotionale Erstarrung, Schmerz, Einsamkeit, Hilflosigkeit, Selbstmitleid, Unsicherheit, Ohnmacht, Wut, Minderwertigkeitsgefühle, Trauer, Depressivität, Hoffnungslosigkeit, Selbstzweifel, Schuldgefühle und Angst. Meist variieren diese Gefühle in Stärke und Dauer. Manchmal werden auch vollkommen entgegengesetzte Emotionen erlebt. Viele frisch Getrennte haben das Gefühl, ohne den Partner nicht weiterleben zu können. Ihre Gedanken kreisen ausschließlich um die Trennung und die damit verbundenen Einschränkungen. Selbstzweifel, Vorwürfe und Grübeleien rauben ihnen den Schlaf. Viele glauben, das Leben allein nicht mehr bewältigen zu können. Auch der Körper reagiert auf Liebeskummer. Ruhelosigkeit, Konzentrations- und Schlafstörungen, Reizbarkeit und Nervosität, gestörter Appetit, Kopf- und/oder Magenschmerzen, Herzschmerzen sowie erhöhter Alkohol- und Nikotinkonsum können unangenehme physische Begleiterscheinungen der zweiten Phase sein. Am Ende des Tals der Traurigkeit kommen oftmals starke Wutgefühle auf, die sich bis zu intensiven Rachegedanken steigern können. Die Stimmung ist wankelmütig, etwa wenn Betroffene ihren Expartner in einem Moment als den Besten der Welt und kurz darauf als das größte Biest auf Erden erleben. Liebeskummer ist ohne Zweifel eine emotionale Notlage, aber auch eine zeitlich begrenzte Übergangssituation. Wir sollten uns das Gefühlschaos zugestehen, denn jedes Gefühl ist für die Trennungsbewältigung hilfreich und ein weiterer Schritt in der emotionalen und gedanklichen Ablösung vom Partner.

In der dritten Phase steht die Neuorientierung im Zentrum. Erste Sonnenstrahlen durchbrechen das Grau, das den Alltag überdeckt. Verzweiflung und Ohnmacht sind keine ständigen Begleiter mehr. Es gibt Momente, in denen wir wieder richtig durchatmen können. Die Gedanken drehen sich nicht mehr ausschließlich um den Verlorenen, und erste positive Gefühle zum Leben ohne den Expartner bekommen wieder Raum. Diese werden dann wieder von Phasen abgelöst, in denen wir den Menschen, mit dem wir so innig verbunden waren, schmerzlich vermissen. Sehnsüchte haben ihren Raum, aber auch neue Gedanken. Eine Trennung hat nicht nur negative Begleiterscheinungen. Das Ereignis des Abschieds bedeutet auch die Freiheit eines neuen Anfangs. Wir können nun die positiven und negativen Seiten der Beziehung realistischer einschätzen und beginnen zu verstehen, dass die Trennung nicht plötzlich und unerwartet über uns hereingebrochen ist. Meistens konnten wir die Anzeichen im Vorhinein nicht wahrnehmen oder wollten sie nicht wahrhaben.

In der letzten Phase finden wir unser inneres Gleichgewicht wieder. Wir können offen in die Zukunft schauen und das Leben ohne unseren ehemaligen Partner planen. Einschränkungen, die sich durch die Trennung ergaben, wurden bewältigt und neue Wege gefunden, mit der veränderten Lebenssituation umzugehen. Wenn wir an die Trennung denken, beschleicht uns manchmal noch Traurigkeit oder stille

Wut, aber die Gefühle sind nicht mehr so drängend und intensiv wie zu Beginn der Trennungsphase. Jeder weitere Tag unterstützt die weitere Ablösung. Wir sehen nicht nur die negativen Seiten des Auseinandergehens, sondern sind uns auch über die positiven Aspekte bewusst. Das verloren geglaubte Selbstvertrauen kehrt zurück und wir stellen uns neuen Aufgaben. Wir können uns ohne den Partner mit anderen wohlfühlen und erleben wieder Freude und Spaß bei Freizeitaktivitäten. Jetzt erst ist es möglich, die Beziehung und ihre Entwicklung, die eigenen Bedürfnisse und Wünsche sowie die des ehemaligen Partners zu reflektieren, den Umgang mit unterschiedlichen Bedürfnissen und den daraus entstandenen Konflikt zu analysieren. Wenn wir dann sogar Dankbarkeit für die gemeinsame Zeit, für die vielen schönen Momente in der Beziehung erleben können und eine Erklärung für das gemeinsame Scheitern, für die Bedingungen der Beziehung oder die Verhaltensweisen beider gefunden haben, bringen wir diese Erfahrungen bewusst oder unbewusst in eine spätere Beziehung und deren Gestaltung ein.

So wie im Kreislauf der Jahreszeiten der Baum im Herbst seine Blätter verliert, sich im Winter auf den neuen Wachstumsprozess vorbereitet, um im Frühling ein neues Blättergewand zu tragen, bedeutet auch die Trennung erst mal einen Verlust. In diesem Prozess des Abschieds – des Loslassens von alten Wünschen und Träumen, des Zulassens von schmerzlichen Gefühlen – geschehen die Verarbeitung und die Verwandlung, die neue Blüten treiben. Sich zu trennen bedeutet auch immer, sich auf etwas Neues einzulassen.

Während wir streiten ... | Ein Paar sitzt gemeinsam am Abendbrottisch. Er liest nebenbei Mitteilungen auf dem Smartphone. Sie fragt ihn, wohin sie gemeinsam in den Urlaub fahren wollen. Er antwortet, es sei ihm egal, und liest weiter. Sie wundert sich, dass es ihm gleichgültig zu sein scheint, und fragt, ob er sich denn nicht auf den Urlaub freue. Ja, er freue sich schon, antwortet er kurz angebunden, aber es sei doch wohl noch zu früh, um sich damit zu beschäftigen. Sie fordert ihn auf, endlich sein Smartphone wegzulegen und sich mit ihr gemeinsam Gedanken über den Urlaub zu machen. Er erklärt, dass er jetzt sowieso los müsse, sie das schließlich später klären könnten, und geht. Sie ruft ihm hinterher, dass sie auf den Urlaub mit ihm nun auch verzichten könne.

Er fühlt sich wohl und ist mit den Gedanken ganz woanders. Er genießt die paar Minuten Ruhe, bevor er noch zu einem Termin muss. Er möchte sich mit seiner Frau und ihrer Frage jetzt nicht auseinandersetzen, obwohl er spürt, dass ihr das nicht recht ist. Mit ihrer Forderung, das Smartphone wegzulegen, zwingt sie ihn, seine momentane Betätigung aufzugeben. Dass er nun nicht mehr in Ruhe lesen kann, verärgert ihn. Sie wollte sich viel lieber mit ihm unterhalten. Seine Reaktion interpretiert sie als Ablehnung, da er offensichtlich nicht ihr Gesprächsbedürfnis teilt und noch nicht einmal an einem gemeinsamen Urlaub interessiert zu sein scheint. Sie fühlt sich von seiner Antwort gekränkt. Als er dann beschließt, eher zur Arbeit zu gehen, stellt sie die gesamte Beziehung infrage.

Streitigkeiten entstehen manchmal aus dem Nichts. Und sie können fatale Konsequenzen haben. Oft stehen hinter banalen Konflikten, dem Streit über herumliegende Socken oder die Frage nach der Urlaubsplanung, Bedürfnisse, die uns nicht immer direkt zugänglich sind. In unserem Beispiel konnten beide Partner nicht klar ihre Bedürfnisse ausdrücken: weder der Mann mit seinem Wunsch nach Ruhe und Ungestörtheit noch die Frau mit ihrem Wunsch nach einem Gespräch. Wahrscheinlich gab es im Vorfeld schon ähnliche Episoden, in denen ähnliche Gefühle bei beiden ausgelöst wurden. Wir erinnern uns vor allem an solche Erfahrungen, die mit der aktuellen guten oder schlechten Stimmung übereinstimmen.[88] Wenn wir uns beispielsweise verärgert oder gekränkt fühlen, erinnern wir uns leichter an Situationen, in denen wir ebenfalls gereizt oder gekränkt reagiert haben. Die momentanen Emotionen verstärken sich zusammen mit den erinnerten negativen Gefühlen, die nichts mit dem Verhalten des anderen zu tun haben müssen. Je häufiger dieser Prozess abläuft, desto stärker reagieren wir – und zwar auf beiden Seiten. Möglicherweise hat er sich schon oft zurückgezogen, um Auseinandersetzungen zu vermeiden, oder sie hat sich schon öfters durch seine Beschäftigung mit Zeitung, Laptop oder Smartphone zurückgesetzt gefühlt, sodass beide nun schnell und nicht situationsgerecht interpretieren und urteilen. Wenn der eine Partner den anderen für seine Gefühle verantwortlich macht, entsteht ein Kampf um die Deutungshoheit der Situation. Der Streit könnte weiter eskalieren und am Ende tatsächlich die Beziehung gefährden.

Würden wir uns immer die Zeit nehmen, um uns über unsere Gefühle und Bedürfnisse bewusst zu werden, wären wir leichter zu verstehen und auch eindeutiger und klarer in unserer Kommunikation. Könnten wir jetzt noch unseren Konflikt gemeinsam mit dem anderen aus der Vogelperspektive betrachten, die alten Erfahrungen aus der jetzigen Situation filtern, müssten wir zügig einen Kompromiss finden, der beiden Bedürfnissen gerecht wird. Der Streit wäre zu beider Zufriedenheit geklärt. Aber natürlich ist es lebensfremd anzunehmen, dass immer alle notwendigen Ressourcen aktiviert werden könnten, um die optimale Lösung für Beziehungsschwierigkeiten jeglicher Art zu finden. Wir sollten nicht so streng mit uns sein, wenn wir in schwierigen oder belastenden Situationen überreagieren. Wir sind Menschen und werden uns immer wieder in Situationen wiederfinden, in denen wir noch keine Gelassenheit entwickeln konnten. Dann zweifeln wir an uns selbst und/oder geben anderen die Schuld beziehungsweise fühlen uns schuldig, wenn uns Dinge nicht gelingen, wenn wir den Erwartungen anderer oder auch unseren eigenen Ansprüchen nicht genügen. Freuen wir uns über die vielen Situationen, in denen es uns gelungen ist, und darüber, dass es uns mit wachsender Erfahrung auch immer häufiger gelingt.

Nachwort

Wir blicken oft nach vorn und sehen, was alles noch vor uns liegt, was noch alles zu bewältigen ist. Aber wenn wir immer nur nach vorne schauen, können wir nicht sehen, was bereits hinter uns liegt. Wenn wir innehalten und zurückblicken, sehen wir eine weite Ebene, auf der unzählige bunte Pflanzen gedeihen, die wir auf unserem Weg gesät haben. Uns wird bewusst, wo wir bereits waren, was wir schon alles gemacht, gelernt und erfahren haben. Und das Beste an einem Blick über die Schulter ist, dass wir sehen, wie wir dahin gekommen sind, wo wir jetzt stehen, und beispielsweise verstehen, warum wir in manchen Situationen gelassen reagieren können und in anderen nicht. Das Leben ist keine Aschebahn, auf der wir mit dem Startschuss der Geburt bis zu unserem Ende, ohne nach links oder rechts zu schauen, in dieselbe Richtung rennen müssen, um so schnell wie möglich ans Ziel zu kommen. So wie wir keinen Schlaf finden, wenn wir ihn verzweifelt suchen, werden wir auch nicht gelassener werden, wenn wir es mit aller Macht sein wollen.

Mit dem Wunsch, gelassener werden zu wollen, und der Auseinandersetzung mit dem Thema ist der Samen gesät. Und wer weiß, vielleicht werden wir manche Dinge künftig aus einem anderen Blickwinkel betrachten können. Vielleicht werden wir ein wenig achtsamer und ein Stück gelassener durchs Leben gehen. Nicht ständig, aber beständig.

Anmerkungen

1 Zitiert nach: Rabeder, K. (2012): »*Das Leben macht Geschenke, die es als Probleme verpackt*«, München: Gräfe und Unzer Verlag, S. 146.
2 Aristoteles (2002, 5. Auflage): »*Die Nikomachische Ethik*«, aus dem Griechischen und mit einer Einführung und Erläuterungen versehen von Olof Gigon, München: dtv, S. 141.
3 Z.B. Monroe, Scott M., Imhoff, Donald F., Wise, Beverly D. & Harris, Joyce E. (1983): »*Prediction of psychological symptoms under high-risk psychosocial circumstances: Life events, social support, and symptom specificity*«, in: Journal of Abnormal Psychology, Vol. 92(3), 338–350.
4 DeVoe, S. E. & House, J. (2011): »*Time, money, and happiness: How does putting a price on time affect our ability to smell the roses?*«, in: Journal of Experimental Social Psychology.
5 Spoerl, H. (1943): »*Der Mann, der nicht warten wollte*«, in: Marburger Zeitung, Jahrgang 83, Nr. 121/122, 1./2. Mai 1943, S. 8.
6 Ellis, A. (1993): »*Grundlagen der Rational-Emotiven Verhaltenstherapie*«, München: Pfeiffer Verlag.
7 De Saint-Exupéry, A. (1986, 10. Aufl.): »*Der Kleine Prinz*«, Düsseldorf: Karl Rauch Verlag, S. 74.
8 Ende, M. (2005): »*Momo*«, Stuttgart/Wien: Thienemann Verlag.
9 DER SPIEGEL (30/2011): »*Jetzt mal langsam!*« von Dettmer, M. & Tietz, J., S. 58–68.
10 Zitiert nach: Ury, W. (2009): »*Nein sagen und trotzdem erfolgreich verhandeln*«, Frankfurt am Main: Campus Verlag, S.21
11 Berkel, K. (1999, 6. Auflage): »*Konflikttraining. Konflikte verstehen, analysieren, bewältigen*«, Heidelberg: Sauer Verlag.
12 Aus: Peter Schifferli (Hrsg., 1957): »*Pablo Picasso. Wort und Bekenntnis. Die gesammelten Dichtungen und Zeugnisse*«. Frankfurt am Main: Ullstein Verlag.
13 Maslow, A. (1943): »*A Theory of Human Motivation*«, in: Psychological Review, 50(4), S. 370–396.
14 Solnick, S. J. & Hemenway, D. (1998): »*Is more always better?: A survey on positional concerns*«, in: Journal of Economic Behavior & Organization, Vol. 37, Issue 3, S. 373–383.
15 Vohs, K. D., Mead, N. L. & Goode, M. R. (2006): »*The psychologi-*

cal consequences of money«, in: Science, Vol. 314, No. 5802, 1154–1156.

16 Bauer, M. A., Wilkie, J. E. B., Jung K. K. & V. Bodenhausen, G. (2012): »*Cuing Consumerism: Situational Materialism Undermines Personal and Social Well-Being«*, in: Psychological Science, 23(5), 517–523.

17 Kasser, T. & Ryan, R. M. (1993): »*A dark side of the American dream: correlates of financial success as a central life aspiration«*, in: Journal of personality and social psychology. Aug. 65(2): 410–22.

18 Kast, B. (2012): »*Ich weiß nicht, was ich wollen soll. Warum wir uns so schwer entscheiden können und wo das Glück zu finden ist«*, Frankfurt/M.: S. Fischer Verlag.

19 Van Boven, L. & Gilovich, T. (2003): »*To Do or to Have? That Is the Question«*, in: Journal of Personality and Social Psychology 85, 1193–1202.

20 Feinstein, J. S., Adolphs, R., Damasio, A. & Tranel, D. (2011): »*The Human Amygdala and the Induction and Experience of Fear«*, in: Current Biology, 21, S. 34–38.

21 Reinecker, H. (Hrsg., 2003): »*Lehrbuch der Klinischen Psychologie und Psychotherapie: Modelle psychischer Störungen«*, Göttingen: Hogrefe Verlag, S. 114.

22 Wittchen, H.-U. & Jacobi, F. (1998): »*Angststörungen«*, Gesundheitsberichterstattung des Bundes, Robert-Koch-Institut (Hrsg.), Heft 21, S. 11.

23 Moehringer, J. R. (2. Aufl., 2007): »*Tender Bar«*, Frankfurt am Main: Fischer Verlag, S. 146.

24 Nolen-Hoeksema, S., Parker, L., & Larson, J. (1994): »*Ruminative coping with depressed mood following loss«*, in: Journal of Personality and Social Psychology, 67, 92–104.

25 Seligman, M. (1990): »*Pessimisten küsst man nicht – Optimismus kann man lernen«*, München: Droemer Knaur Verlag.

26 Zitiert nach: Meier, R. (2005): »*30 Minuten für mehr Glück und Zufriedenheit«*, Offenbach: Gabal Verlag, S. 17.

27 Zitiert nach: Nürnberger, E. (2010): »*Optimistisch denken«*, Freiburg im Breisgau: Rudolf Haufe Verlag, S. 51.

28 Tindle H. A., Chang Y., Kuller L. H., Manson J. E., Robinson J. G., Rosal M. C., Siegle G. J. & Matthews, K. A. (2009): »*Optimism, cynical hostility, and incident coronary heart disease and mortality in the Women's Health Initiative«*, in: Circulation. Journal of the American Heart Association; 120: 656–662.

29 Zitiert nach: Wissenschaft aktuell (08/2009): »*Gesunder Opti-*

mismus« von Dick-Pfaff, C., www.wissenschaft-aktuell.de/artikel/ Gesunder_Optimismus1771015586230.html
30 Freud, S. (1994): »*Das Unbehagen in der Kultur. Und andere kulturtheoretische Schriften*«, Frankfurt/M.: Fischer Taschenbuch Verlag.
31 Z.B. Diener, E. (Hrsg., 2009): »*The Science of Well-Being, The Collected Works of Ed Diener*«, Dordrecht, NL: Springer Verlag.
32 Lyubomirsky, S., Sheldon, K. M. & Schkade, D. (2005): »*Pursuing Happiness: The Architecture of Sustainable Change*«, in: Review of General Psychology, Vol. 9, No. 2, S. 111–131.
33 Csikszentmihalyi, M. (1992): »*Flow – das Geheimnis des Glücks*«, Stuttgart: Klett-Cotta Verlag.
34 Vgl. Asendorpf, J. (2. Aufl. 1999): »*Psychologie der Persönlichkeit*«, Berlin: Springer Verlag.
35 Lykken, D. T. und Tellegen, A. (1996): »*Happiness is a Stochastic Phenomenon*«, in: Psychological Science, Vol. 7, No. 3, 186–189.
36 Brickman, P., Coates, D., Janoff-Bulman, R. (1978): »*Lottery winners and accident victims: Is happiness relative?*«, in: Journal of Personality and Social Psychology, Vol. 36(8), 917–927.
37 Boswell, W. R., Boudreau, J. W., Tichy, J. (2005): »*The Relationship Between Employee Job Change and Job Satisfaction: The Honeymoon-Hangover Effect*«, in: Journal of Applied Psychology, Vol. 90(5), 882–892.
38 Spitzer, M. (2011): »*Dopamin und Käsekuchen: Hirnforschung à la carte*«, Stuttgart: Schattauer Verlag,
39 Schmid, W. (2007): »*Glück. Alles, was Sie darüber wissen müssen, und warum es nicht das Wichtigste im Leben ist*«, Frankfurt/M.: Insel Verlag.
40 Ghosananda, M. (1997): »*Wenn der Buddha lächelt*«, Freiburg: Herder Verlag, S. 45.
41 Müller, I. K. & Ziehen, J. (2009): »*Die Förderung von Achtsamkeit, psychischer und physischer Gesundheit durch achtsamkeitsbasierte Interventionen – Meta-Analysen kontrollierter Studien*«, Philipps Universität Marburg.
42 Kabat-Zinn, J. (5. Aufl., 2010): »*Im Alltag Ruhe finden. Meditationen für ein gelassenes Leben*«, Frankfurt/M.: S. Fischer Verlag.
43 Ott, U. (2010). »*Meditation für Skeptiker. Ein Neurowissenschaftler erklärt den Weg zum Selbst*«, München: O. W. Barth Verlag, S. 59.
44 Lazar, S. W., Kerr, C. E., Wasserman, R. H., Gray, J. R., Greve, D. N., Treadway, M. T. et al (2005): »*Meditation experience is associated with increased cortical thickness*«, in: Neuroreport. Band 16, S. 1893–1897.

45 Hallinan, J., T. (2009): »*Lechts oder rinks. Warum wir Fehler machen*«, München: Ariston Verlag.
46 Zitiert nach: brand eins (08/2007): »*Fehlanzeige*« von Lotter, W., www.brandeins.de/magazin/fehler-kommt-ganz-darauf-an-was-man-daraus-macht/fehlanzeige.html.
47 Mark, G., Gonzalez, V. M. & Harris, J. (2005): »*No Task Left Behind? Examining the Nature of Fragmented Work*«. In: CHI, PAPERS: Take a Number, Stand in Line (Interruptions & Attention 1), April 2–7.
48 Pöppel, E. (2008): »*Zum Entscheiden geboren. Hirnforschung für Manager*«. München: Hanser-Verlag.
49 Zitiert nach: DIE ZEIT (2011, Nr. 18): »*Das Wesentliche im Blick*« von Schnabel, U., www.zeit.de/2011/18/Aufmerksamkeit.
50 Marois, R., Dux, P. E., Tombu, M. N., Harrison, S., Rogers, B. P. & Tong, F. (2009): »*Training improves multitasking performance by increasing the speed of information processing in human prefrontal cortex*«, in: Neuron, 63, 127–138.
51 Drucker, P. F. (1959): »*Landmarks of Tomorrow*«, New York: Harper & Brothers.
52 Zitiert nach: ZEIT ONLINE (09/2012), »*Schluss mit schlechter Zeitplanung*« von Schimansky, S., www.zeit.de/karriere/2012-08/zeitmanagement-stress.
53 Riemann, F. (1990) »*Grundformen der Angst. Eine tiefenpsychologische Studie*«, München: Ernst Reinhardt Verlag, S. 9.
54 Kurth, B.-M. (2012): »*Erste Ergebnisse aus der Studie zur Gesundheit Erwachsener in Deutschland*« (DEGS), Bundesweite Quer- und Längsschnittstudie im Rahmen des Gesundheitsmonitorings des Robert-Koch-Instituts, Bundesgesundheitsblatt 2012, S. 987.
55 Freudenberger, H. (1974): »*Staff burn-out*«, in: Journal of Social Issues; 30: 159–65, Vol. 30, Issue 1, pages 159–165
56 Burisch, M. (2006, 3. überarb. Aufl.): »*Das Burn-Out-Syndrom – Theorie der inneren Erschöpfung*«, Heidelberg: Springer Verlag, S. 25–34.
57 Berkel, K. (1999, 6. Auflage): »*Konflikttraining. Konflikte verstehen, analysieren, bewältigen*«, Heidelberg: Sauer Verlag.
58 Mehler-Wex, C. (2008): »*Depressive Störungen*«, Heidelberg: Springer Medizin Verlag, S. 21, 22.
59 Pikler, E. (3. Aufl. 2001): »*Lasst mir Zeit. Die selbständige Bewegungsentwicklung des Kindes bis zum freien Gehen*«, München: Richard Pflaum Verlag.
60 Oerter, R. & Montada, L. (4. korr. Aufl., 1998): »*Entwicklungspsy-*

chologie«, Weinheim: Psychologie Verlags Union, Beltz Verlag, S. 121.
61 Betz, D. & Breuninger, H. (5. Aufl., 1998): »*Teufelskreis Lernstörungen. Theoretische Grundlegung und Standardprogramm*«, Weinheim: Psychologie Verlags Union, Beltz Verlag.
62 Vaillant, G. E. (2002): »*Aging Well*«, Boston: Little Brown Book Group.
63 DIE ZEIT (07/2010): »*Glück ist nicht wichtig*«, Interview mit Georg Eman Vaillant, von Christian Heinrich.
64 Werner, E. E. & Smith, R. S. (1982): »*Vulnerable but invincible. A longitudinal study of resilient children and youth*«, New York: Mc Graw-Hill.
65 Antonovsky, A. (1997): »*Salutogenese. Zur Entmystifizierung der Gesundheit*«, dt. erw. Ausgabe von Alexa Franke, Tübingen: dgvt-Verlag.
66 Schiffer, E. (2001): »*Wie Gesundheit entsteht – Salutogenese: Schatzsuche statt Fehlerfahndung*«, Weinheim, Basel: Beltz Verlag.
67 Vgl. Oerter, R. & Montada, L. (4. korr. Aufl., 1998): »*Entwicklungspsychologie*«, Weinheim: Psychologie Verlags Union, Beltz Verlag.
68 Bauer, J. (2005): »*Warum ich fühle was du fühlst – Intuitive Kommunikation und das Geheimnis der Spiegelneurone*«, Hamburg: Hoffmann und Campe Verlag.
69 Bös, K. et al (2009, 1. Aufl.): »*Eine Studie zur motorischen Leistungsfähigkeit und körperlich-sportlichen Aktivität von Kindern und Jugendlichen in Deutschland*«, Forschungsreihe Band 5, Motorik-Modul, Abschlussbericht zum Forschungsprojekt, BMFSJS, Baden-Baden: Nomos Verlag.
70 Sandseter, E. & Kennair, L. (2011): »*Children's risky play from an evolutionary perspective: the of thrilling experiences*«, in: Evolutionary Psychology 9(2): S. 257–284.
71 Small, G. & Vorgan, G. (2009): »*iBrain – Wie die neue Medienwelt Gehirn und Seele unserer Kinder verändert*«, Stuttgart: Kreuz Verlag. Oder: Spitzer, M. (2012): »*Digitale Demenz – Wie wir uns und unsere Kinder um den Verstand bringen*«, München: Droemer Knaur Verlag.
72 Haeusler, J. & Haeusler, T. (2012): »*Netzgemüse. Aufzucht und Pflege der Generation Internet*«, München: Wilhelm Goldmann Verlag.
73 Platon: »*Phaidros*«, in: »*Gastmahl/Phaidros/Phaidon*« (1978), Wiesbaden: VMA Verlag, S. 143.
74 Spitzer, M. (2012): »*Digitale Demenz – Wie wir uns und unsere Kinder um den Verstand bringen*«, München: Droemer Knaur Verlag.

75 Merkur, Heft 727 (12/2009): »*Standardsituationen der Technologiekritik*« von Passig, K.
76 Zitiert nach: Haeusler, J. & Haeusler, T. (2012): »*Netzgemüse. Aufzucht und Pflege der Generation Internet*«, München: Wilhelm Goldmann Verlag, S. 7.
77 Medienpädagogischer Forschungsverbund Südwest (Hrsg., 2012): »*Jugend, Information, (Multi-) Media: Basisstudie zum Medienumgang 12- bis 19-Jähriger in Deutschland*«, Stuttgart.
78 Retzer, A. (2009): »*Lob der Vernunftehe. Eine Streitschrift für mehr Realismus in der Liebe*«, Frankfurt/M.: S. Fischer Verlag, S. 68.
79 Zurhorst, E.-M. (18. Aufl., 2004): »*Liebe dich selbst – und es ist egal, wen du heiratest*«, München: Wilhelm Goldmann Verlag, S. 38.
80 Arthur Schopenhauer (1862): »*Gleichnisse, Parabeln und Fabeln*«, in: Parerga und Paralipomena: Kleine philosophische Schriften. Hayn, S. 689.
81 Watzlawick, P. (1983): »*Anleitung zum Unglücklichsein*«, München: Piper Verlag.
82 Snyder, M., Tanke, E. D., Berscheid, E (1977): »*Social perception and interpersonal behavior: On the self-fulfilling nature of social stereotypes*«, in: Journal of Personality and Social Psychology, Vol. 35(9), Sep 1977, 656–666.
83 Ende, M. (2005): »*Momo*«, Stuttgart/Wien: Thienemann Verlag, S. 14, 15.
84 Watzlawick, P., Beavin, J. H., Jackson, D. D. (1974): »*Menschliche Kommunikation. Formen, Störungen, Paradoxien*«, Bern, Stuttgart, Wien: Hans Huber Verlag.
85 Holmes, T. H. & Rahe, R. H. (1967): »*The Social Readjustment Rating Scale*«, in: Journal of Psychosomatic Research 11, 213–218.
86 Hetherington, E. M. & Clingempeel, W. G. (1992): »*Coping with marital transitions: a family systems perspective*«, in: Monographs of the Society for Research in Child Development, 57, 2–3.
87 Kast, V. (2008): »*Sich einlassen und loslassen. Neue Lebensmöglichkeiten bei Trauer und Trennung*«, Freiburg: Herder Verlag.
88 Bower, G. H. (1981): »*Mood and Memory*«, in: American Psychologist, 36(2), 129–148.

Literatur

Alltägliches & allzu Alltägliches

Aristoteles (2002, 5. Auflage): »*Die Nikomachische Ethik*«, aus dem Griechischen und mit einer Einführung und Erläuterungen versehen von Olof Gigon, München: dtv.

Asendorpf, J. (2. Aufl. 1999): »*Psychologie der Persönlichkeit*«, Berlin: Springer Verlag.

Bauer, M. A., Wilkie, J. E. B., Jung K. K. & V. Bodenhausen, G. (2012): »*Cuing Consumerism: Situational Materialism Undermines Personal and Social Well-Being*«, in: Psychological Science, 23(5), 517–523.

Berkel, K. (1999, 6. Auflage): »*Konflikttraining. Konflikte verstehen, analysieren, bewältigen*«, Heidelberg: Sauer Verlag.

Boswell, W. R., Boudreau, J. W., Tichy, J. (2005): »*The Relationship Between Employee Job Change and Job Satisfaction: The Honeymoon-Hangover Effect*«, in: Journal of Applied Psychology, Vol. 90(5), 882–892.

Brickman, P., Coates, D., Janoff-Bulman, R. (1978): »*Lottery winners and accident victims: Is happiness relative?*«, in: Journal of Personality and Social Psychology, Vol. 36(8), 917–927.

Csikszentmihalyi, M. (1992): »*Flow – das Geheimnis des Glücks*«, Stuttgart: Klett-Cotta Verlag.

De Saint-Exupéry, A. (1986, 10. Aufl.): »*Der Kleine Prinz*«, Düsseldorf: Karl Rauch Verlag,

Der Spiegel (30/2011): »*Jetzt mal langsam!*« von Dettmer, M. & Tietz, J., S. 58–68.

DeVoe, S. E. & House, J. (2011): »*Time, money, and happiness: How does putting a price on time affect our ability to smell the roses?*«, in: Journal of Experimental Social Psychology.

Diener, E. (Hrsg., 2009): »*The Science of Well-Being, The Collected Works of Ed Diener*«, Dordrecht, NL: Springer Verlag.

DIE ZEIT (11/2010): »*Gesunder Optimismus*« von Eberle, U., www.zeit.de/zeit-wissen/2010/06/Optimismus-Positives-Denken.

DIE ZEIT (12/2011): »*Kann man Glück lernen?*« von Schramm, S., www.zeit.de/2012/01/Glueck-lernen.

Ellis, A. (1993): »*Grundlagen der Rational-Emotiven Verhaltenstherapie*«, München: Pfeiffer Verlag.

Ende, M. (2005): »*Momo*«, Stuttgart/Wien: Thienemann Verlag.

Feinstein, J. S., Adolphs, R., Damasio, A. & Tranel, D. (2011): »*The Human Amygdala and the Induction and Experience of Fear*«, in: Current Biology, 21, 34–38.

Freud, S. (1994): »*Das Unbehagen in der Kultur. Und andere kulturtheoretische Schriften*«, Frankfurt/M.: Fischer Taschenbuch Verlag.

Gehirn und Geist (2010): »*Stärke deinen Geist!*« von Vaitl, D., www.gehirn-und-geist.de/alias/meditation/staerke-deinen-geist/ 1052563.

Gehirn und Geist (2011): »*Momente des Glücks*« von Hassenzahl, M., www.gehirn-und-geist.de/alias/erlebnisse/momente-des-gluecks/1129751.

Ghosananda, M. (1997): »*Wenn der Buddha lächelt*«, Freiburg im Breisgau: Herder Verlag.

Kabat-Zinn, J. (5. Aufl., 2010): »*Im Alltag Ruhe finden. Meditationen für ein gelassenes Leben*«, Frankfurt/Main: Fischer Verlag.

Kasser, T. & Ryan, R. M. (1993): »*A dark side of the American dream: correlates of financial success as a central life aspiration*«, in: Journal of personality and social psychology. Aug. 65(2): 410–22.

Kast, B. (2012): »*Ich weiß nicht, was ich wollen soll. Warum wir uns so schwer entscheiden können und wo das Glück zu finden ist*«, Frankfurt/M.: S. Fischer Verlag.

Knuf, A. (2010): »*Ruhe da oben! Der Weg zu einem gelassenen Geist*«, Freiburg im Breisgau: Arbor Verlag.

Lazar, S. W., Kerr, C. E., Wasserman, R. H., Gray, J. R., Greve, D. N., Treadway, M. T. et al (2005): »*Meditation experience is associated with increased cortical thickness*«, in: Neuroreport. Band 16, S. 1893–1897.

Lykken, D. T. und Tellegen, A. (1996): »*Happiness is a Stochastic Phenomenon*«, in: Psychological Science, Vol. 7, No. 3., 186–189.

Lyubomirsky, S., King, L. & Diener, E. (2005): »*The Benefits of Frequent Positive Affect: Does Happiness Lead to Success?*«, in: Psychological Bulletin, Vol. 131, No. 6, 803–855.

Lyubomirsky, S., Sheldon, K. M. & Schkade, D. (2005): »*Pursuing Happiness: The Architecture of Sustainable Change*«, in: Review of General Psychology, Vol. 9, No. 2, S. 111–131.

Lyubomirsky, S. (2008): »*Glücklich sein. Warum Sie es in der Hand haben, zufrieden zu leben*«, Frankfurt am Main/New York: Campus Verlag.

Maslow, A. (1943): »*A Theory of human motivation*«, in: Psychological Review, 50(4), 370–396.

Moehringer, J. R. (2. Aufl., 2007): »*Tender Bar*«, Frankfurt am Main: Fischer Verlag.

Monroe, S. M., Imhoff, D. F., Wise, B. D. & Harris, J. E. (1983): »*Prediction of psychological symptoms under high-risk psychosocial circumstances: Life events, social support, and symptom specificity*«, in: Journal of Abnormal Psychology, Vol. 92(3), 338–350.

Müller, I. K. & Ziehen, J. (2009): »*Die Förderung von Achtsamkeit, psychischer und physischer Gesundheit durch achtsamkeitsbasierte Interventionen – Meta-Analysen kontrollierter Studien*«, Philipps Universität Marburg.

Nhat Hanh, Thich (1997): »*Das Wunder des bewussten Atmens*«, Berlin: Theseus Verlag.

Nolen-Hoeksema, S., Parker, L. & Larson, J. (1994): »*Ruminative coping with depressed mood following loss*«, in: Journal of Personality and Social Psychology, 67, 92–104.

Ott, U. (2010): »*Meditation für Skeptiker. Ein Neurowissenschaftler erklärt den Weg zum Selbst*«, München: O. W. Barth Verlag.

Rabeder, K. (2012): »*Das Leben macht Geschenke, die es als Probleme verpackt*«, München: Gräfe und Unzer Verlag.

Roepstorff, A. (2009): »*Long-term meditation is associated with increased gray matter density in the brain stem*«, in: Neuroreport. Band 20, Heft 2, S. 170–174.

Schmid, W. (2007): »*Glück. Alles, was Sie darüber wissen müssen, und warum es nicht das Wichtigste im Leben ist*«, Frankfurt am Main/Leipzig: Insel Verlag.

Seligman, M. (1990): »*Pessimisten küsst man nicht – Optimismus kann man lernen*«, München: Droemer Knaur Verlag.

Solnick, S. J. & Hemenway, D. (1998): »*Is more always better?: A survey on positional concerns*«, in: Journal of Economic Behavior & Organization, Vol. 37, Issue 3, S. 373–383.

Spitzer, M. (2011): »*Dopamin und Käsekuchen: Hirnforschung à la carte*«, Stuttgart: Schattauer Verlag.

Spoerl, H. (1943): »*Der Mann, der nicht warten wollte*«, in: Marburger Zeitung, Jahrgang 83, Nr. 121/122, 1./2. Mai 1943, S. 8.

Tindle H. A., Chang Y., Kuller L. H., Manson J. E., Robinson J. G., Rosal M. C., Siegle G. J. & Matthews, K. A. (2009): »*Optimism, cynical hostility, and incident coronary heart disease and mortality in the Women's Health Initiative*«, in: Circulation. Journal of the American Heart Association; 120: 656–662.

Van Boven, L. & Gilovich, T. (2003): »*To Do or to Have? That Is the Question*«, in: Journal of Personality and Social Psychology 85, 1193–1202.

Vestergaard-Poulsen, P., van Beek, M., Skewes, J., Bjarkam, C., Stubberup, M., Bertelsen, J. & Roepstorff, A. (2009): »*Long-term meditation is associated with increased gray matter density in the brain stem*«, in: Neuroreport, Band 20, Heft 2, S. 170–174.

Vohs, K. D., Mead, N. L. & Goode, M. R. (2006): »*The psychological consequences of money*«, in: Science, Vol. 314, no. 5802, 1154–1156.

Wissenschaft aktuell (08/2009): »*Gesunder Optimismus*« von Dick-Pfaff, C., www.wissenschaft-aktuell.de/artikel/Gesunder_Optimismus1771015586230.html.

Arbeit & Beruf

Bauer, J. (2005): »*Warum ich fühle, was du fühlst – Intuitive Kommunikation und das Geheimnis der Spiegelneurone*«, Hamburg: Hoffmann und Campe Verlag.

Berkel, K. (1999, 6. Auflage): »*Konflikttraining. Konflikte verstehen, analysieren, bewältigen*«, Heidelberg: Sauer Verlag.

Brand eins (08/2007): »*Fehlanzeige*« von Lotter, W., www.brandeins.de/magazin/fehler-kommt-ganz-darauf-an-was-man-daraus-macht/fehlanzeige.html.

Burisch, M. (2006, 3. überarb. Aufl.): »*Das Burn-Out-Syndrom – Theorie der inneren Erschöpfung*«, Heidelberg: Springer Verlag.

Der Spiegel (Nr. 6/2012): »*Schwermut ohne Scham*« von Blech, J., www.spiegel.de/spiegel/print/d-83865282.html.

Der Spiegel Wissen (Nr. 1/2011): »*Das überforderte Ich*«, Hamburg: Spiegel-Verlag Rudolf Augstein GmbH & Co KG.

Der Spiegel Wissen (Nr. 1/2012): »*Patient Seele*«, Hamburg: Spiegel-Verlag Rudolf Augstein GmbH & Co KG.

DIE ZEIT (2006, Nr. 46): »*Der Fluch der Unterbrechung*« von von Rutenberg, J., S. 74.

DIE ZEIT (2008, Nr. 10): »*Engpass im Kopf*« von Rauner, M., www.zeit.de/2008/10/T-Multitasking-Kasten.

DIE ZEIT (2011, Nr. 18): »*Das Wesentliche im Blick*« von Schnabel, U., www.zeit.de/2011/18/Aufmerksamkeit.

Drucker, P. F. (1959): »*Landmarks of Tomorrow*«, New York: Harper & Brothers.

Dux, P. E., Tombu, M. N., Harrison, S., Rogers, B. P., Tong, F., & Marois, R. (2009): »*Training improves multitasking performance by increasing the speed of information processing in human prefrontal cortex*«, in: Neuron, 63, 127–138.

Gehirn & Geist (11/2005): »*Ausgebrannt*« von Kraft, U., www.gehirn-und-geist.de/alias/arbeit/ausgebrannt/836873.

Gehirn & Geist (2/2004): »*Die Grenzen der Gleichzeitigkeit*« von Manhart, K., www.gehirn-und-geist.de/alias/multitasking/die-grenzen-der-gleichzeitigkeit/839713.

Hallinan, J., T. (2009): »*Lechts oder rinks. Warum wir Fehler machen*«, München: Ariston Verlag.

Kurth, B.-M. (2012): »*Erste Ergebnisse aus der Studie zur Gesundheit Erwachsener in Deutschland*« (DEGS), Bundesweite Quer- und Längsschnittstudie im Rahmen des Gesundheitsmonitorings des Robert-Koch-Instituts, Bundesgesundheitsblatt 2012.

Mark, G., Gonzalez, V. M. & Harris, J. (2005): »*No Task Left Behind? Examining the Nature of Fragmented Work*«, in: CHI, PAPERS: Take a Number, Stand in Line (Interruptions & Attention 1), April 2–7.

Marois, R., Dux, P. E., Tombu, M. N., Harrison, S., Rogers, B. P. & Tong, F. (2009): »*Training improves multitasking performance by increasing the speed of information processing in human prefrontal cortex*«, in: Neuron, 63, 127–138.

Moore, G. E. (1965): »*Cramming more components onto integrated circuits*«, in: Electronics, 38, Nr. 8, S. 114–117.

Pöppel, E. (2008): »*Zum Entscheiden geboren. Hirnforschung für Manager*«, München: Hanser-Verlag.

Riemann, F. (1990): »*Grundformen der Angst. Eine tiefenpsychologische Studie*«, München: Ernst Reinhardt Verlag.

Simon, F. B. (2010): »*Einführung in die Systemtheorie des Konflikts*«, Heidelberg: Carl-Auer-Systeme Verlag und Verlagsbuchhandlung GmbH.

ZEIT ONLINE (09/2012): »*Schluss mit schlechter Zeitplanung*« von Schimansky, S., www.zeit.de/karriere/2012-08/zeitmanagement-stress.

Familie & Erziehung

Adams, D. N. (2003): »*Lachs im Zweifel. Zum letzten Mal per Anhalter durch die Galaxis*«, München: Wilhelm Heyne Verlag.

Antonovsky, A. (1997): »*Salutogenese. Zur Entmystifizierung der Gesundheit*«, dt. erw. Ausgabe von Alexa Franke, Tübingen: dgvt-Verlag.

Bauer, J. (2005): »*Warum ich fühle, was du fühlst – Intuitive Kommunikation und das Geheimnis der Spiegelneurone*«, Hamburg: Hoffmann und Campe Verlag.

Betz, D. & Breuninger, H. (1998, 5. Aufl.): »*Teufelskreis Lernstörungen. Theoretische Grundlegung und Standardprogramm*«, Weinheim: Psychologie Verlags Union, Beltz Verlag.

Bös, K. (2003): »*Motorische Leistungsfähigkeit von Kindern und Jugendlichen*«, in: Schmidt, W., Hartmann-Tews, I. & Brettschneider, W.-D. (Hrsg.): »*Erster Deutscher Kinder- und Jugendsportbericht*«, Schworndorf: Hofmann Verlag.

Bös, K. et al, (2009, 1. Aufl.): »*Eine Studie zur motorischen Leistungsfähigkeit und körperlich-sportlichen Aktivität von Kindern und Jugendlichen in Deutschland*«, Forschungsreihe Band 5, Motorik-Modul, Abschlussbericht zum Forschungsprojekt, BMFSJS, Baden-Baden: Nomos Verlag.

DIE ZEIT (07/2010): »*Glück ist nicht wichtig*«, Interview mit Georg Eman Vaillant von Heinrich, C., www.zeit.de/zeit-wissen/2010/04/Psychologie-Leben-Vaillant.

Haeusler, J. & Haeusler, T. (2012): »*Netzgemüse. Aufzucht und Pflege der Generation Internet*«, München: Wilhelm Goldmann Verlag.

Krause, C. & Lorenz, R.-F. (2009): »*Was Kindern Halt gibt. Salutogenese in der Erziehung*«, Göttingen: Vandenhoeck & Ruprecht.

Medienpädagogischer Forschungsverbund Südwest (Hrsg., 2012): »*Jugend, Information, (Multi-)Media: Basisstudie zum Medienumgang 12- bis 19-Jähriger in Deutschland*«, Stuttgart.

Mehler-Wex, C. (2008): »*Depressive Störungen*«, Heidelberg: Springer Medizin Verlag.

Merkur, Heft 727 (12/2009): »*Standardsituationen der Technologiekritik*« von Passig, K.

Oerter, R. & Montada, L. (4. korr. Aufl., 1998): »*Entwicklungspsychologie*«, Weinheim: Psychologie Verlags Union, Beltz Verlag.

Pikler, F. (2001, 3. Aufl.): »*Lasst mir Zeit. Die selbständige Bewegungsentwicklung des Kindes bis zum freien Gehen*«, München: Richard Pflaum Verlag GmbH.

Platon: »*Phaidros*«, in: »*Gastmahl/Phaidros/Phaidon*« (1978), Wiesbaden: VMA Verlag.

Sandseter, E. & Kennair, L. (2011): »*Children's risky play from an evolutionary perspective: the of thrilling experiences*«, in: Evolutionary Psychology 9(2): 257–284.

Schiffer, E. (2001): »*Wie Gesundheit entsteht – Salutogenese: Schatzsuche statt Fehlerfahndung*«, Weinheim, Basel: Beltz Verlag.

Small, G. & Vorgan, G. (2009): »*iBrain – Wie die neue Medienwelt Gehirn und Seele unserer Kinder verändert*«, Stuttgart: Kreuz Verlag.

Spitzer, M. (2012): »*Digitale Demenz – Wie wir uns und unsere Kinder um den Verstand bringen*«, München: Droemer Knaur Verlag.

Liebe & Partnerschaft

Bower, G. H. (1981): »*Mood and Memory*«, in: American Psychologist, 36(2), 129–148.

Der Spiegel Wissen (Heft 2, 2012): »*Liebe. Was Paare zusammenhält*«, Hamburg: Spiegel-Verlag Rudolf Augstein GmbH & Co KG.

Gehirn und Geist (2008): »*Zwischen regengrau und himmelblau*« von Rentschler, R., in: Dossier »*Besser leben*«.

Hetherington, E. M. & Clingempeel, W. G. (1992): »*Coping with marital transitions: a family systems perspective*«, in: Monographs of the Society for Research in Child Development, 57, 2–3.

Holmes, T. H. & Rahe, R. H. (1967): »*The Social Readjustment Rating Scale*«, in: Journal of Psychosomatic Research 11, 213–218.

Kast, V. (2008): »*Sich einlassen und loslassen. Neue Lebensmöglichkeiten bei Trauer und Trennung*«, Freiburg: Herder Verlag.

Kast, V. (1986, 5. Aufl.): »*Paare. Beziehungsfantasien oder wie Götter sich in Menschen spiegeln*«, Stuttgart: Kreuz Verlag.

Psychologie Heute (3/2012): »*Das nervt! Warum wir auf Zumutungen des Alltags nicht gelassen reagieren können*« von Schäfer, A.

Psychologie Heute Compact (Heft 31, 2012): »*Wir zwei. Das Abenteuer Partnerschaft – und wie es gelingen kann*«, Weinheim: Julius Beltz GmbH & Co KG.

Retzer, A. (2009): »*Lob der Vernunftehe. Eine Streitschrift für mehr Realismus in der Liebe*«, Frankfurt/Main: S. Fischer Verlag GmbH.

Arthur Schopenhauer (1862): »*Gleichnisse, Parabeln und Fabeln*«, in: Parerga und Paralipomena: Kleine philosophische Schriften. Hayn.

Snyder, M., Tanke, E. D., Berscheid, E. (1977): »*Social perception and interpersonal behavior: On the self-fulfilling nature of social stereotypes*«, in: Journal of Personality and Social Psychology, Vol. 35(9), Sep 1977, 656–666.

Watzlawick, P. (1983): »*Anleitung zum Unglücklichsein*«, München: Piper Verlag.

Watzlawick, P., Beavin, J. H., Jackson, D. D. (1974): »*Menschliche Kommunikation. Formen, Störungen, Paradoxien*«, Bern, Stuttgart, Wien: Hans Huber Verlag.

Zurhorst, E.-M. (2004, 18. Aufl.): »*Liebe dich selbst – und es ist egal, wen du heiratest*«, München: Wilhelm Goldmann Verlag.